Vivir con Libertad

Secretos y técnicas para tener abundancia financiera en el camino del emprendimiento

Joseph Brand

Contenido

Introducción

Todos tenemos el poder de alcanzar la libertad financiera. Está dentro de nosotros y espera por desarrollarse para aflorar y hacerse realidad.

Para hacerlo se requiere conocer algunas estrategias, más bien conductas o buenos hábitos que se surgen con el día a día y de esta forma se consigue generar dinero. Es hacer lo mismo que se hace, agregándole unos ingredientes más.

Para empezar, se debe aprender a vivir el día a día para poder establecer un futuro financiero, esto quiere decir que se tienen que escribir las metas que se quieren alcanzar, si es posible se pueden establecer pequeñas metas que vayan uniéndose hasta convertirse en la gran meta, esto genera mucha motivación.

También se tiene que tener carácter de emprendedor, tener el temple y las ganas de lograrlo, más allá del deseo, es el fuego interior que dice que eso se puede lograr y nada va a detener el avance.

Para ello hay que comprender el flujo natural del dinero, saber su avance y los procesos que este tiene en la vida, cómo se genera y cómo se invierte. Comprender su naturaleza es reconciliarse con él y reconciliarse con el dinero, es atraerlo.

Lo más importante de todo, es que trabajar para lograr la libertad financiera es trabajar por conseguir la tranquilidad; vivir tranquilo es el mayor poder que se puede conseguir, este permite dormir feliz por las noches, levantarse lleno de energía para trabajar en lo que nos apasiona y dejar un legado importante en la sociedad. El dinero brinda la libertad de elegir.

Ser emprendedor exige que se elijan negocios que vayan de acuerdo con nuestros deseos, cuando se trata de elegir uno, es mejor escoger el que vaya alineado con nuestros deseos, que corresponda al tema que deseamos solucionar con nuestro negocio, además de que ese emprendimiento sea rentable o tenga el potencial para convertirse en un negocio exitoso.

Cuando se tiene el deseo de emprender se tienen que crear planes financieros que sean medibles, para controlar su vida económica; también los planes financieros se pueden adaptar al plano individual, familiar y empresarial.

Los planes financieros permiten que se puedan hacer diversas estrategias y formas de ahorro, para lograr tener una reserva que pueda usarse en el futuro para diversos fines.

Una cosa es querer ser rico y otra cosa es pensar como rico, el pensamiento de un millonario va más allá del dinero en la cuenta, es una actitud que se asume como persona donde hay que educar la mente, aprender que todo es inversión y que cada movimiento de dinero tiene que tener como garante una ganancia de retorno, ya sea, con un bien o con más dinero. También implica que se tienen que empezar los proyectos mediante planes, objetivos, fechas y cálculos financieros.

Hay que conocer cómo es que realmente viven los ricos y finalmente tener la mentalidad de rico, se deben crear diversas fuentes de ingresos, de esta manera se tienen opciones para hacer movimientos y se tienen diferentes fuentes de ingresos pasivos generando dividendos.

Todo esto se puede crear con los recursos que se tienen, dándole un uso inteligente a cada elemento, aprovechando al máximo el tiempo, haciendo uso inteligente del dinero y del talento que todos tenemos.

Usar las herramientas disponibles, tiempo y dinero, permite que se pueda emprender un negocio que tenga posibilidades de triunfar.

Obtener la libertad financiera es algo que se tiene que compartir con la familia, cada uno de los miembros debe conocer la importancia que tiene controlar las finanzas familiares, saber cómo invertir el dinero y lo mejor de todo, cómo ahorrarlo.

Para que esto sea posible se tienen que hacer planes financieros en familia, escuchar las necesidades de cada uno y plasmarlas en papel, luego de escuchar lo que cada uno desea se diseña un plan a la medida para que haya igualdad entre los integrantes de la familia.

Finalmente, para cerrar esta introducción y entrar en materia, hay que comprender que ser agradecido por lo que se tiene es vital para poder crecer como individuo, cada vez que practicamos el acto de la gratitud, es como si enviáramos un mensaje al universo para recibir más y estar abiertos a recibir más, con esto se pone en marcha la ley de atracción y todo lo bueno comienza a llegar.

Todo esto y más se desarrollará en detalle a continuación, la libertad financiera es posible y requiere del trabajo de cada uno, de implementar técnicas que transforman nuestras vidas para tener estabilidad económica, ya que, si la mentalidad se transforma, se transforma todo.

Capítulo 1: Cómo vivir el día a día para establecer un futuro financiero

Para poder desarrollar un buen futuro financiero se hace necesario que se lleven a cabo herramientas que permitan alcanzarlo. Se deben crear metas sólidas que vayan por la autopista de nuestros objetivos; para desarrollar el carácter que aumente la velocidad de alcanzar todo lo que se tiene en mente.

A lo largo de este capítulo se abordan todos estos puntos, para aprender a vivir en el día a día y tener un verdadero futuro lleno de libertad financiera y felicidad.

Escribir las metas

Cuando se quiere tener éxito en todas las circunstancias y siempre fluir se debe establecer un cronograma de objetivos que permita encaminarse de acuerdo a los planes de cada uno.

Se deben tener muchos objetivos en la mente, tener ideas que los enriquezcan y también crear un plan para implementarlos correctamente.

Cuando escribes los objetivos te proyectas al futuro. Es por eso que a continuación encontrarás algunos consejos importantes que se pueden implementar para conseguir el éxito:

- Colocar los objetivos en un lugar visible: escribirlos en una libreta, en la computadora, en el teléfono, etc.

- Leer y visualizar los objetivos constantemente hasta memorizarlos.

- Tomar acción para llevar a cabo esos objetivos.

- Evaluar las acciones realizadas y hacer ajustes en caso de que sea necesario.

- Implementar las mejoras.

- Hacer un check list de los objetivos logrados.

- Elaborar nuevos objetivos y repetir el proceso.

Cuando todo esto se realiza de manera consciente, suceden varias cosas en la mente, por ejemplo:

Creencias

Se aprende a ver el objetivo como algo creíble y realista. Al verlo de esta manera de inmediato se hace posible lograrlo. Las repeticiones de cada uno de los pasos anteriormente mencionados se convierten en factibles. Las creencias que se tienen pasan a ser un deseo y ese deseo lleva a la acción desencadenando resultados. Independientemente del tiempo que se invierta o las metas que se desean lograr, las creencias se hacen cada vez más sólidas. Esto es algo seguro.

Visión

Cuando las creencias son fuertes, es fácil que se visualicen los objetivos logrados. Al escribir la visión en detalle para poder recrear las imágenes en la mente, se genera la posibilidad de materializarlos en la realidad.

Si además de esto se hace la repetición constante, aumentan las posibilidades de atraerlas y materializarlas.

Metas alcanzables

Se sabe que, si se tienen las creencias y la visión, los objetivos son alcanzables, siempre y cuando cada individuo quiera que así sea. Cada uno de los pasos se podrán realizar con éxito, siempre y cuando se tenga la fe y la certeza de que las metas se alcanzarán.

En la mente de cada uno de nosotros se desata la emoción por conseguir las metas, o de visualizarlas previo a que estas sucedan. Esto permite tener una vibración en el cuerpo que genera la energía suficiente para pasar las metas del papel a la realidad.

Mentalidad

La mentalidad de éxito y los hábitos son consistentes en lo que se refiere a leer, escribir, visualizar y escuchar los objetivos.

La atracción de los objetivos se puede mejorar con el enfoque en imágenes y pensamientos consistentes, siendo conscientes de los diferentes sentimientos que llegan todos los días y que tienen que ver con los objetivos. Esto quiere decir que cuando se está en un estado de positividad nuestra mente se enfoca mejor en los objetivos que se desean lograr.

Los pensamientos positivos encienden sentimientos buenos y estos llevan a la acción y a los resultados. Hay una ley que se conoce como la Ley de la Acción y esta permite que la acción se pueda emplear para alcanzar los sueños, haciendo uso de los pensamientos, sentimientos, emociones y acciones. Esta es la secuencia que genera velocidad y que convierte en realidad cada uno de los objetivos.

La velocidad con la que se logran las metas es proporcional con el carácter que se posee

Cuando se tiene una actitud de triunfo y las ideas claras acerca de lo que realmente se desea, es posible alcanzar las metas en poco tiempo. Esto se hace cada vez más posible cuando se tiene una mentalidad de seguridad y convicción donde sabe que los objetivos pueden lograrse en un determinado tiempo.

La gran interrogante que tienen muchas personas es que desean saber cuánto tiempo les tomará hacer realidad cada una de las metas y cómo alcanzarlas.

Si se analizan las búsquedas que los usuarios hacen en internet se puede identificar con facilidad que, por lo general, los temas que se buscan están relacionados, por ejemplo, a cómo bajar de peso rápido, cómo ganar más dinero rápidamente, cómo conseguir pareja y preguntas similares.

Las personas quieren lograr los objetivos ahora mismo; la sociedad ha creado esta ideología de un triunfo inmediato y que para eso debemos ser hábiles y competentes.

Es por eso que, los triunfadores asiduos logran destacarse en los grupos y cuentan con las oportunidades para hacerlo. Son personas que desarrollan el talento necesario para poder alcanzar lo que se proponen y de acuerdo a la pasión y cómo preparen sus metas, consiguen lograrlo en tiempo record.

Ante esto, se debe tener en cuenta que:

- Hay oportunidades para todos, siempre y cuando se tenga la capacidad de contemplarlo de esa manera.

- Quien tiene más responsabilidades es porque también las ha creado.

Las personas que tienen todo a su favor lo saben porque ellas mismas crearon esta situación; en un momento determinado hicieron que el viento soplara a su favor y lo consiguieron.

Para poder lograr estas metas y objetivos es necesario que se visualice con claridad lo que cada uno realmente desea y así poder llevarlo más allá de las palabras.

Cuando una persona se propone llevar a cabo una meta y tiene la convicción de que lo va a lograr, todo su entorno comienza a cambiar. La razón de esto no es magia, es porque cada uno se ha encargado de creerlo y hacer que sea posible.

Esto es algo que tiene que ver totalmente con el éxito, ya que, la manera de conseguir que se creen las condiciones para el éxito, inicia con el cambio interno para que después se refleje en lo externo, por lo tanto, para aumentar la velocidad con la que se lograrán los objetivos, es importante definir claramente lo que realmente se desea; aquí entra en juego lo fundamental que es definir una estructura para las ideas y contemplarlas con la certeza de que en algún momento se llevarán a cabo.

Otra manera de hacer que el éxito llegue más rápido es tener conversaciones con personas que ya hayan logrado las mismas metas que nosotros también queremos lograr. El objetivo es conocer sus metas, no solo para hacer nuevas amistades sino para conocer esas experiencias que han tenido. Descubrir sus sentimientos y saber que ellos se encuentran en la posición que también queremos estar.

Esto va a servir para poderse adaptar a la idea y alcanzar cada uno de los objetivos. De este modo se acelera más conseguirlo.

Con todo esto se consigue tener la seguridad plena de que se pueden alcanzas las metas, por ejemplo, si la meta de una persona es ganar más dinero, entonces se debe preguntar qué estaría dispuesta a hacer para lograr ese objetivo, la respuesta debería ser: cualquier cosa legal y moral que beneficie a otros y me permita generar ingresos agregando valor a la sociedad.

Además de querer hacer algo, hay que hacerlo. La idea entonces es que la mente encuentre un estado más receptivo de oportunidades.

Eso se logra poniéndola en un estado receptivo de éxito. La mente funciona como una esponja, la mente absorbe todo estímulo que recibe y cuando se educa correctamente la mente aprende a reconocer que el éxito es totalmente alcanzable.

Lo importante aquí es tener la certeza personal de que se pueden lograr los objetivos, esto es lo que realmente importa: claridad y saber cómo desarrollarla, los ingredientes vitales.

Se debe demostrar que se está dispuesto a dejar una huella significativa a través de todo lo que se hace, es por eso que los pensamientos tienen que ser positivos, se debe desarrollar una mentalidad de éxito y tener una gran actitud de logro.

La idea aquí es que se alcance la motivación total, que los pensamientos sean mayormente positivos y mantener vivo el deseo de lograr cada uno de los objetivos planteados.

Cuando se siguen todos estos pasos, se hace cada vez más posible aumentar la velocidad del alcance de los propósitos.

Comprender el ciclo natural del dinero

Un fragmento de un poema de Antonio Machado dice que "todo pasa..." queriendo decir que la vida es una serie de caminos que se van recorriendo y se van quedando etapas atrás y llegan nuevas oportunidades y experiencias. En la vida todo es temporal, esto ofrece una perspectiva de que la etapa vivida hoy puede no ser idéntica mañana, y puede ser mejor si se trabaja por ello.

Aquí se incluye la economía, la cual pasa siempre por diversas etapas que se pueden denominar ciclos de la economía, se debe comprender que el dinero tiene un ciclo natural, este va evolucionando y se va transformando. Nada es para siempre y todo ciclo desemboca en una situación distinta a la que se ha vivido.

El dinero es volátil, es parte de los ciclos de la economía, fluctúa en sus procesos constantes, sube y baja y cuando llega a un límite comienza de nuevo a subir, es cíclico y es parte de la economía, esto hay que comprenderlo.

Para comprender mejor el dinero, la cuestión es así, todo empieza cuando se decide comprar algo a cambio de algo, en este caso: dinero. Es en ese momento cuando la economía empieza a moverse y partiendo de esa transacción se activa el flujo del sistema monetario, el cual incluye a las instituciones, los sistemas tributarios, los bancos y las cajas, las pequeñas y grandes empresas y todo lo que mueve la economía.

A raíz de esa transacción comercial, se inició el flujo de dinero. Por ejemplo, la persona le pagó a la empresa y con una parte de ese dinero la empresa les pagó a sus trabajadores, a sus proveedores, y esta es una transacción que devino en impuestos que van al Estado y al órgano regional correspondiente, luego la empresa pagó por los beneficios de esa institución y los trabajadores también lo hicieron y la seguridad social, esto permitió que se financie el sistema sanitario y las pensiones, con todas estas transacciones se involucró la banca quien trasladó el dinero de una entidad a otra, recibiendo un ingreso por ello, que luego le prestará a otro usuario y si le sobra se invertirá para obtener beneficios de Bonos del Estado.

Para que esto funcione correctamente se ha creado una serie de organismos que vigilan la eficacia, la transparencia y la competencia, las comisiones nacionales de valores, los bancos centrales y demás.

Todo esto empezó cuando una persona decidió hacer una pequeña compra.

Todo movimiento que se haga debería tener una remuneración contraprestación, cuando se paga un impuesto se es correspondido con una serie de derechos como atención sanitaria, educación o seguridad vial. Cuando los mercados invierten en el Estado, este les remunera con intereses, cuando una persona consume un producto de una empresa, esta entrega el producto a cambio del pago. Ese es el principio que mueve todo. Es una partida doble de quid pro quo, sea dinero, amistades, reflexiones, incluso en movimientos caritativos donde se recibe calma para la conciencia.

Hay que analizar dónde queda el dinero que proviene de otras fuentes cuestionables, este se encuentra alrededor, con ganas de romper el quid pro quo que rige la circularidad del dinero o renta.

Vivir tranquilo es el mayor poder

La vida es una experiencia, siempre se viven una serie de situaciones diversas. La gran meta tiene que ser poder vivir tranquilo, ese es un poder que debe trascender incluso el del dinero, el cual por cierto sirve para tener tranquilidad y paz, por supuesto sirve para dar poder.

Cada cara de la moneda se fortalece del espíritu. Las vivencias hacen que se disfrute la vida al máximo. Hay que aprender a valorar el tiempo y las circunstancias que se tienen, vale la pena hacerlo, mirando alrededor y aprendiendo a disfrutar de cualquier situación.

Algunas circunstancias son experiencias para el mañana, aprendizajes que valen dinero. Vivir a plenitud es irradiar y contagiar de energía positiva a quienes nos rodean. Actualmente gracias a los medios de comunicación se pueden conocer grandes experiencias de vida que son ejemplos a seguir y lecciones que no se olvidan.

Veamos este punto con un ejemplo: en un hospital estaban dos pacientes que enfrentaban determinada situación de salud, ambos logran establecer una amistad mientras están inmersos allí. Cada día estos pacientes eran llevados a determinada área del hospital para recibir tratamientos acordes a su condición, cada uno tomaba la posición acostumbrada, uno de ellos, llamado Pedro, tenía una vista por la ventana, Pablo le daba la espalda a ella. Así tenían que estar ambos durante el periodo que las enfermeras le hacían sus cuidados.

Cada tarde Pedro y Pablo conversaban amenamente de sus sueños, de lo que querían vivir a plenitud y su ilimitada pasión por lograr sus planes. Un día ambos consiguieron un entretenimiento, Pedro le describía a Pablo lo que veía a través de la ventana. Le contaba esa maravillosa vista que tenía.

La experiencia que ellos pasaban, se convirtieron en tertulias amenas, cada día los mejores amigos que eran, tenían mucha empatía y solidaridad el uno para con el otro. Ambos descubrían que la mejor medicina era vivir a plenitud sin importar nada.

Es de esta manera que Pablo esperaba cada día la historia que Pedro le contaba de su vista privilegiada, ambos soñaban con disfrutarlo en persona, el paisaje era impresionante, un lago lleno de cisnes y patos, al fondo un grandioso parque boscoso, el lugar sin duda era perfecto, ambos amaban la naturaleza, por tanto, era idílico.

Además de su belleza había que agregar a quienes visitaban el parque, parejas con hijos, personas con perros que corrían por todos lados, felices, libres, parejas de enamorados que se recitaban poemas de amor en las bancas con los patos moviendo sus colas en el lago.

Pablo se deleitaba, los relatos eran exquisitos, casi mejores que verlo en persona. La mente de Pablo era ilimitada. Ese momento en el que iban a esa habitación con esa ventana era el mejor momento del día para los dos. Este momento era una ventana abierta a la felicidad, lo mejor de todo es que esa belleza no estaba fuera del hospital, sino dentro de su ser.

Pedro por su parte se dio cuenta de que las palabras que decía eran sanadoras ya que vio que su amigo tuvo un cambio significativo, las palabras eran una herramienta poderosa y él hacía un buen uso de ellas, por medio de los relatos le daba fuerza y poder a su amigo, le daba libertad.

Ese paisaje idílico le daba pie a Pedro de crear historias donde cada visitante al parque tenía una vida espectacular, se imaginaba cómo serían sus vidas, la fecha de nacimiento, el aniversario de bodas, el aniversario de cada uno de ellos. Ambos valoraban ese momento, experiencias que antes de entrar al hospital había sido distinta.

Estos dos hombres, gracias a esa experiencia tan espectacular que vivían pronto fueron admirados por otros pacientes, la amistad y la buena vibra entre ellos era cuasi legendaria. Cada día a la hora de la sesión de ambos, eran más los pacientes que se acercaban a escuchar lo que tenía para contar Pedro a su amigo, además todos los pacientes querían echar un ojo por la ventana también.

La buena suerte acompañó a Pedro y sanó lo suficiente para irse a casa, su amigo le despidió con alegría y con los ojos brillantes, ahora que Pedro se había ido, Pablo pidió el lugar de su amigo para poder contemplar él mismo los paisajes del exterior. Su gran sorpresa fue ver que en la ventana solo se podía ver una pared lisa y blanca de un edificio de al frente, todas esas imágenes maravillosas que le contó su amigo, fueron producto de ese corazón inmenso que tiene y las fantasías externas solo estaban dentro de él, su amigo viendo este paisaje le había mostrado un mundo diferente, le había enseñado a ver lo hermoso en todas las circunstancias.

Sin importar los motivos que llevaron a Pedro a compartir esta historia, lo realmente importante es saber que la felicidad es mejor compartirla.

Vivir pleno es una decisión que se debe tomar, hay que aprender a disfrutar cada momento de la vida. Más allá de los números en la cuenta bancaria. La vida hay que disfrutarla, así como todos sus ciclos. La felicidad se vive ahora, para ser feliz solo se necesita el deseo de serlo.

La felicidad es un estado que debe cultivarse, si se es feliz se vive tranquilo y es un reflejo que llega al alma, hay que aprender a ser valiente y vivir cada momento como si fuera el último, sin olvidar que la felicidad se comparte.

El dinero es libertad

El dinero nos brinda libertad, es la mejor definición de riqueza, contar con dinero y tiempo para hacer todo aquello que se desea. Muchas personas trabajan con intensidad para conseguir dinero y poder vivir. Hay que considerar al trabajar que se tiene que tener tiempo para disfrutar del dinero, hay que generar un equilibrio entre tener dinero y además tiempo para disfrutarlo.

Al aprender a administrar los recursos se cuenta con las libertades para tener la real riqueza. Tener libertad de dinero y tiempo hará a una persona realmente rica. La riqueza va más allá de tener muchas propiedades y lujos a cambio de trabajar 18 horas diarias.

La libertad es conocer mejor la educación financiera, comprender que se puede tener es un derecho que se debe alcanzar. Muchas personas por lograrla se ponen manos a la obra para alcanzar grandes proezas.

Tal como sucede con el tiempo, el dinero se le suele dar diversos tipos de uso, el dinero que se gana por medio de la principal fuente de ingresos por lo general es usado para pagar los gastos y para ahorrar. Hay que aprender a arroparse hasta donde alcance la cobija, haciendo los gastos de acuerdo a la capacidad de pago de cada persona.

Es la mejor forma de trabajar por alcanzar la libertad financiera, con una correcta administración de los recursos se puede tener más tranquilidad para administrar el dinero.

Pagarse a sí mismo

El dinero es para el que lo gana, este lo invierte en los pagos que tiene pendientes, por eso hay que pagarse a sí mismo retirando una suma de 10% al menos, puede ser una suma superior, más adelante se aborda con más detalle este tema.

De esta manera se crea un ahorro que puede servir para otras inversiones en el futuro y es un dinero que sale del mismo ingreso y que se invierte en pagos obligatorios de cada persona.

Hacer planes para hacer los pagos que corresponden

Cada uno de los pagos que corresponden a cada persona se tienen que hacer. Hay que diseñar planes para cumplir con cada uno de los compromisos. Hay que dedicar un tiempo para aprender a invertir sabiamente el dinero.

Enfoque en lo necesario

Hay que hacer un análisis y preguntarse qué es eso que se quiere comprar y qué realmente se necesita, si se ve que la vitalidad de ese producto es poca, entonces se puede hacer ese ahorro y evitar el gasto. Estos gastos se deben evitar, especialmente cuando la compra se hará desde una tarjeta de crédito lo cual influiría en el plan financiero que se tiene.

Invertir en educación

Antes de empezar a invertir en cualquier negocio se debe invertir en la cabeza. Cualquier negocio requiere de una mentalidad distinta a la que se tiene, si es la primera vez que se quiere hacer se requiere de educación técnica en el área de los negocios con la cual se desea desarrollar el potencial.

La inversión en la preparación educativa para ese proyecto en cuestión, es vital para tener un mejor desempeño en los negocios.

Comenzar a invertir en activos

Los activos son los que meten más dinero al bolsillo, cuando se invierte en negocios que ya se conocen o se tiene buen conocimiento sin haber invertido antes. La idea es atreverse a poner ese dinero que se tiene en ahorros para comenzar a adquirir la experiencia que se necesita para progresar.

Compartir

En el proceso de desarrollar la inteligencia financiera se puede notar un crecimiento del capital que ha mejorado la calidad de vida. No hay que olvidar el ahorro y la inversión que puede empezar a compartir el dinero que no se gasta. Se puede usar el dinero para empezar a disfrutar con alegría con aquellos seres queridos por los cuales se lucha por ser libres, hay que darles a ellos y darse a sí mismo, pequeñas pruebas de esa vida que espera cuando se recojan los frutos del trabajo.

Capítulo 2: Estrategias para conseguir un buen negocio

Los negocios se deben hacer con cautela, siempre pensando en elegir el mejor para que el dinero sea bien empleado y comience a dar frutos.

Esto requiere de conocimiento y preparación, además de tener el ojo listo para atrapar las oportunidades idóneas. En este capítulo abordaremos las estrategias necesarias para conseguir un buen negocio, rentable, acorde a los objetivos y que además brinde la oportunidad de automatizarlo, para llegar a la verdadera libertad financiera.

¿Cómo elegir un negocio rentable y que se enfoque con mi libertad financiera?

Al momento de elegir un negocio aparecen muchas preguntas que se tienen que responder:

- ¿Cómo identificar el verdadero negocio rentable?
- ¿Cómo saber si ese negocio rentable dará para vivir?
- ¿Se adapta a los propósitos propios o es un negocio que pertenece a otro tipo de inversor?
- ¿Permitirá este negocio vivir mejor o generará mucho más trabajo?

Son preguntas que surgen siempre. Y además de estas se dan otras preguntas:

- ¿Cómo saber que el negocio es una buena idea?
- ¿Hay más opciones que conecten con los objetivos que se desean?

Llegar al cien por ciento de ese negocio y que sea un enfoque que tome años es un logro excelente.

Escoger un negocio es una decisión que requiere de esfuerzo y de trabajar con el enfoque necesario. Veamos el paso a paso que se necesita para elegir las ideas de negocios que sean rentables y viables de acuerdo a nuestros objetivos.

Aplicando esto se podrá elegir un negocio que:

- Sea rentable: esto generará de manera recurrente con potencial de crear una estructura que no dependa del propio tiempo.

- Que sea adecuado a los propósitos y que saque el provecho máximo de las habilidades, la experiencia y las circunstancias.

- Que acerque a los sueños: que permita vivir a un estilo de vida que se ame, sea por estar más en la casa o por viajar o poder tener un lugar propio increíble.

- Que se disfrute: que se sienta el trabajo como algo agradable y que cada día haya entusiasmo por trabajar.

Estas herramientas permiten que se puedan tener grandes hábitos y que se construyan negocios sólidos. Son pasos necesarios para poder conseguir posicionamiento. Para tener mejores técnicas de finanzas, para desarrollar negocios basados en el conocimiento y para darle otros placeres como viajar, salir a pasear por la ciudad o compras importantes para el patrimonio.

Elegir el emprendimiento correcto es una decisión en la que vale la pena invertir tiempo por varios motivos:

El primero es que si estás tomando una decisión de empezar un negocio lo mejor es que se elija uno donde se disfrute la experiencia al máximo. Esto no implica solo ganar más incluye que se hagan cosas que gusten, tener un día a día lindo y sentirse realizado con lo logrado. El negocio que elijas define todo eso.

Lo segundo que se tiene que hacer es elegir un negocio adecuado con las probabilidades de éxito. Hay que elegir un negocio que explote todos los recursos que se tienen y se aprovechen al máximo todas las ventajas, de este modo se mantiene un buen puesto frente a la competencia y una afluencia de clientes.

Elegir el negocio adecuado influye en la productividad

Se ha demostrado que las personas somos más productivas cuando disfrutamos de una tarea y cuando se ve un propósito claro detrás de ella.

Esto quiere decir que si se elige un emprendimiento que se ajuste a los objetivos entonces se va a ser más productivo y si además se ve una causa profunda en los negocios se podrá tener mejor posicionamiento en lo que se quiere lograr.

Cuando se emprende un proyecto se convierte en una pieza clave de la vida y se siente orgullo, una parte clave del éxito son las ventas o las conversiones, para vender y causar una buena imagen en quien compre se tiene que hacer con pasión y sintiendo orgullo por lo que se hace.

Para que un negocio crezca se tiene que hablar a los clientes como amigos y elegir el negocio adecuado es elemental ya que brindará la paz.

Cuando se elige un negocio adecuado se logran buenas inversiones. Empezar un emprendimiento exige inversiones tanto de dinero como de tiempo, hay que agregar herramientas, formación, publicidad, etc. Todo esto puede ser inversión si se logra hacer con inteligencia. Todo depende de si se selecciona la idea adecuada.

Cuando se decide a emprender un negocio se debe empezar focalizando la energía, primero analizando cuáles son los factores clave que entran en juego.

Para comprender esto, lo primero que hay que tener presente es que un negocio en su aspecto esencial, siempre va a consistir en resolver situaciones de otras personas, asesorarlos o ayudarlos a llegar más rápido a sus objetivos ganando una suma a cambio de esto.

A partir de allí se simplifica todo, el tiempo que toma hacer llegar este negocio rentable depende de un par de factores:

El primero es el tiempo que tome desarrollar los hábitos emprendedores básicos, la organización, la proactividad, la comunicación con claridad. Esto es algo que los emprendedores deben aprender a desarrollar por igual, sin importar el negocio que escojan.

El otro factor es cuando se emprende el desarrollo y el poder entregar un producto o central de nuestro negocio, la solución mejora la vida a otros, es un factor que marca lo rápido que se hace el emprendimiento, se logra ser rentable y depende de un 100% de lo que se elija como negocio adecuado para nosotros.

Determinar el valor

Hay que aprender a determinar el valor de un negocio, esto está sujeto a muchas variables. No solo es lo visible, sino también el mantenimiento, los gastos, los materiales, las suscripciones.

El elemento humano es otro punto, no se les pone precio a los humanos, aquí se valoran los sueldos, los aportes, el desempeño o las bajas por enfermedad, hay que calcularlo según salarios y cargas sociales, hay que ir más allá, preguntarse por los pagos que toca hacer, los perfiles, y el trato al equipo.

El valor siempre va a depender del tamaño de la empresa, además de la rentabilidad, un negocio puede ser inmenso y dar unos números no acordes con lo que se espera o puede ser pequeño en tamaño y generar unos increíbles ingresos, esto repercute también en el costo final.

Asimismo, se tiene que evaluar la vida útil de este tipo de negocios si es un negocio que durará unos años o es algo que puede impulsarse por varias décadas.

Influye también la localización, el nicho al que se dirige, el tiempo que tarda en ejecutarse la ganancia de dinero, las posibilidades de expansión, el reconocimiento.

Cada variable aumenta o reduce el costo final, allí es donde hay que aprender a tener un ojo ávido para escoger negocios realmente rentables de acuerdo a los objetivos que se tienen.

Negociar hasta conseguir el mejor precio

Dicho lo anterior, ahora queda aprender a negociar y obtener el mejor precio. Cuando se va a un país de turismo se mira la etiqueta de un producto y se paga lo que dice, no hay regateos de ningún tipo.

Por ejemplo, cuando se va a Asia o a África se tiene que invertir mucho tiempo en negociar, hay que tener paciencia para buscar conseguir el mejor precio con los vendedores. Países como India, Marruecos y China por decir apenas unos son característicos por el regateo, hay que negociar con el vendedor para regresar a casa satisfecho por el precio pagado.

Es un trabajo que se hace rápido.

En el caso de la compra de un negocio es distinto.

A lo mejor al momento de hacer la compra no se sabe por dónde empezar a hablar para buscar el mejor precio, hay que tener algo en cuenta, la sensación de la primera vez es única, es increíble, conseguir el mejor precio es lo mejor y todo logrado con la persuasión y la creatividad.

Lo de conseguir el mejor precio es algo cultural, el vendedor ya pone un precio superior al que espera porque sabe que el posible comprador va a pedir rebaja y de este modo al final ambos quedan satisfechos por el precio final.

Cuando comienzas una negociación para hacer una compra entras en juego con esa persona, estás negociando el mejor precio con ella, cuando lo obtienes tienes el compromiso de hacerte con lo que negociaste. El vendedor ha invertido tiempo, ha estado en el juego de la negociación contigo y han llegado a un acuerdo juntos. Lo correcto es concretar la compra.

Recuerda que este tipo de negocios implica una suma inmensa de dinero, a lo mejor es parte del patrimonio personal, entonces en el momento de negociar se debe tener paciencia para buscar el mejor precio, conversar sobre todo lo que tiene o no tiene el negocio, comienza el juego del tira y afloja que hace parte de la compra.

No hay que mostrarse sumamente interesado por el negocio, se debe preguntar, indagar y mostrarse tranquilo, así haya mucha emoción por tenerlo, así sea el sueño de la vida.

El vendedor al ver que el comprador ya tiene una idea del costo que quiere manejar y que no pasará de allí, hace una última oferta, la definitiva que es la mejor, es en ese momento cuando se cierras el negocio. Así ambas partes quedan satisfechas por el trato.

Automatizar el negocio hasta que marche casi solo

Dentro del mundo de los negocios todos quieren conseguir que estos sean automatizados para que no requieran tanto esfuerzo humano, y que las tareas se hagan automáticamente. Esto hay que hacerlo con cautela, para poderlo hacer se deben eliminar, delegar o automatizar algunas tareas.

¿Cuándo eliminar tareas?

La respuesta rápida a esta inquietud es que se haga cuando los números que deja no coinciden con lo esperado, esto quiere decir que las tareas dan otro valor distinto al anhelado. Actualmente es más rápido identificar estos tipos de tareas, al hacerlo se pueden generar ahorros en los negocios.

¿Cuándo se deben delegar las tareas?

Cuando se han identificado las tareas que no tienen tanto valor, se pueden conseguir otras tareas que se pueden delegar ya que no se pueden eliminar.

Se le puede dar la tarea a un empleado para que lo cumpla, se puede contratar a un experto o dejarle la misión a otra empresa local o internacional.

Al delegar estas tareas se puede concentrar en otras que generen mucho más valor para la empresa.

Dependiendo del tipo de negocio que se tenga, estas son algunas tareas que se pueden delegar:

- Generar bases de datos.
- Respuestas a los mensajes de WhatsApp.
- Programar publicaciones en redes sociales.
- Contabilidad.
- Distribuir contenidos.
- Cargar contenido a los sitios webs.
- Actualizaciones en los blogs.

Cada que se le delega una tarea a una persona se genera un documento donde se le explica todo lo que debe hacer, se le dan detalles para que a partir de ese momento sea parte de sus responsabilidades, esto deja como resultado que se tenga libertad para hacer lo que se quiera, como invertir en otros negocios e incluso descansar.

¿Cómo se puede automatizar?

Casi todo se puede automatizar, cada vez el mundo actúa así. El proceso de la automatización es la última opción, primero se considera eliminar la tarea si no cumple con los objetivos, luego viene delegar si es necesaria y finalmente automatizar, de no poderse automatizar se escogen cualquiera de las dos opciones anteriores.

La idea de todo esto es que se automaticen e incrementen las utilidades. Estas son algunas tareas que se pueden automatizar en un negocio:

- Enviar correos electrónicos en campañas diversas.
- Trabajos de backinling

- Asignar tareas al equipo de trabajo.

- Enviar reportes.

- Aparición de Podcast

- Hacer crecer la presencia en algunas redes sociales.

Algunas tareas aún requieren del trabajo humano, como el crear contenido en los sitios webs, esto es algo que se delega o se hace por cuenta propia.

Independientemente del negocio que se elija, lo importante es que este se encuentre en armonía con los propósitos personales. De esta manera trabajar en el negocio será una motivación doble, se generan ingresos y se hacen realidad los sueños.

Hay personas que tiene por ejemplo el sueño de poder trabajar desde casa, compartiendo con la familia y haciendo dinero mientras no los desampara. Este es el primer objetivo.

El otro objetivo puede ser que desde su lugar pueda ayudar a muchas personas en diversos lugares y viajar cada tanto con la tranquilidad que le da su independencia.

El tercer objetivo es que sea un negocio que le permita desarrollar pasiones que tenga allí, latentes, esperando el momento para aflorar.

Saber elegir el negocio adecuado es el sueño de muchos, al conseguirlo se puede poner en práctica todo lo necesario para transformar la vida para siempre.

Capítulo 3: La administración en la libertad financiera

La administración es totalmente necesaria en los negocios. Especialmente cuando se quiere alcanzar la libertad financiera. Momento en el que se busca tener ingresos superiores y tiempo para disfrutar.

Para que esto sea posible se tienen que desarrollar planes financieros medibles que se puedan controlar cada tiempo según la necesidad. A nivel personal también es necesario contar con presupuestos personales para medir cada ingreso que llegue y que se invierta en otras compras.

Se deben conocer asimismo estrategias de ahorro para que el capital rinda y se pueda reinvertir o disfrutar.

En este capítulo se abordan todos los elementos necesarios para tener una correcta administración financiera personal y empresarial, comencemos por:

Desarrollar planes financieros medibles

Los planes financieros medibles o planes de acción son claves al momento de diseñar estrategias de negocio, estos definen las metas que se quieren alcanzar, se marcan los plazos que se tienen y además se calculan los recursos. Esos son tres puntos que se deben considerar desde ahora.

Es importante también, definir que ya se puede valorar con los objetivos y los tiempos para llegar a las metas y especialmente teniendo en la mente que trabajar duro es el gran requisito para lograr lo que se ha propuesto.

Entonces aquí lo importante es saber desarrollar un plan financiero que se pueda medir con éxito cada que se desee.

Si se cuenta con un equipo este debe hacerlo, las ideas deben salir entre todos para que se haga más interesante el proceso, además de lo que aporta el líder.

En caso de los emprendedores sin equipo se deben dedicar un par de días para extraer el máximo de ideas posibles y de ser posible se puede compartir con alguien de confianza para que aporte ideas o consejos finales, lo que definirá el plan casi final que se necesita.

Estos son los pasos a seguir para hacer planes financieros medibles:

- Lluvia de ideas.

- Definir las metas

- Definir el cliente y elaborar productos con un método único y diferenciable.

- Recursos que se tienen

- Objetivos que se puedan medir con SMART.

- Objetivos según la preferencia.

- Hacer cronogramas de planes de acción.

- Poner en marcha el plan.

- Evaluar los resultados constantemente.

Lluvia de ideas

En esta parte es importante exprimir la creatividad al máximo. Esto le dará más fuerza al plan financiero. Se debe tener cuidado en esta etapa hay que dedicarle un buen tiempo, sin excederse dejando por fuera otros procesos también importantes. El plan es tener las ideas y hacerlas.

Para hacer una buena lluvia de ideas se debería investigar a la competencia, ponerse en los zapatos de ese competidor, definir sus límites y ponerse en un lugar al borde con él. Por ejemplo, si se tienen 10 mil euros para empezar, imaginar que solo se tienen 500 euros. De este modo se pueden elaborar soluciones creativas.

Se pueden dividir las ideas en grupos de palabras y luego hacer todo lo que se aparezca en la mente, así esto no aplique con los objetivos.

Una buena técnica para que el tiempo rinda más es sentarse en un entorno distinto al acostumbrado, puede ser en una plaza, cuaderno y lápiz en mano, se puede escribir todo lo que pase por la mente por un lapso de cinco minutos. Luego se repite cuatro veces o las que sean necesarias, ahora se enlazan esas palabras que parecen no tener sentido, de seguro de allí sale una sorpresa, si no es así hay más oportunidades para intentarlo.

Definir las metas que se desean conseguir

Ahora que se tiene clara la idea de negocio, luego de que la lluvia de ideas ha abierto la mente, corresponde algo que aparece en la mente ahora: definir a dónde se quiere llegar con todo esto, o sea lo que económicamente se quiere conseguir, el lugar donde se quiere situar, los objetivos.

Es importante hacerlo para que se marque la meta y se vaya seguro a por ella, trabajar con un rumbo y sabiendo que este esfuerzo tendrá una ganancia, un camino y un sentido por saber que tendrá buenos resultados al final.

Definir el cliente y el producto

Esto se tiene claro ya. Igualmente hay que tenerlo en cuenta y se debe ser muy claro con el cliente. Hay que ver sus necesidades y elaborar algo que le satisfaga esa necesidad.

¿Por qué eligen este producto en vez del de la competencia?

¿Cuáles necesidades cubre?

¿Cuál es el valor añadido?

¿Qué lo hace diferente?

Identificar los recursos que se tienen

Este apartado es importante ya que se deben saber los recursos que se tienen para poner ese negocio, el lugar donde se va a desarrollar, lo que se necesita para que la idea ande, las personas con las que se cuentan.

Hay que hacer un listado con todo esto y luego ordenarlo en un cronograma, escribir lo que se tiene, lo que hay que conseguir, las personas que lo pueden facilitar, y lo que se tiene actualmente para conseguirlo.

Por ejemplo, se necesita un salón para un evento especial, se sabe que un amigo lo puede prestar, entonces toca llamar a ese amigo para conseguirlo, o ver qué se requiere para conseguirlo.

Objetivos medibles SMART

En este paso se definen los objetivos que se necesitan para alcanzar la meta, estos objetivos deben ser especiales, deben ser unos que en un futuro permitan analizar si se están haciendo bien y conocer si requieren modificaciones en la estrategia.

Esto es lo que significan los objetivos SMART, son aquellos objetivos que son:

Específicos (S).

Medibles (M).

Alcanzables (A).

Realistas (R).

Acotados en el Tiempo (T).

Solo así pueden ser analizados.

Dividir objetivos según preferencia

Otra parte importante del plan de acción es que se ordenen los objetivos de acuerdo al nivel de preferencia, de este modo será más fácil ver cuáles son los primeros que se tienen que hacer para ir logrando conseguir poco a poco lo que se quiere.

Se deben poner objetivos pequeños que se puedan hacer a corto plazo, son sub-objetivos que se pueden hacer rápido y llegar a la meta, de esta manera se siente la satisfacción de que se cumplen y aumenta la seguridad para ir por más. Si un gran objetivo requiere de un buen tiempo para lograrlo, con estos pequeños objetivos se mantiene el temple para alcanzarlo.

Un truco es que los objetivos cumplan con los valores para de esta manera sentirse realizado.

Estos pequeños logros se deben celebrar, así la motivación no merma.

Elaborar un cronograma del plan financiero

Este es el momento en el que se ordenan las ideas para poner en marcha el plan financiero. Allí se podrá ver la evolución y todo el proceso del plan. Diseñando una plantilla se permite que se escriba el paso a paso.

Se debe poner la meta, luego los objetivos ordenados por preferencia cronológica, según la importancia de los gastos y necesidades, dentro se colocan los pequeños objetivos y se le pone fecha a cada uno.

También es importante saber lo que se quiere conseguir, el costo que tiene, cómo se conseguirá, cuándo, y quién va a ser el responsable por lo que se tiene anotado para que nada escape. De esta manera si se necesitan hacer correcciones se pueden aplicar y el plan financiero seguirá funcionando.

Ejecución del plan financiero

En este caso sin duda alguna es importante pasar a la acción, teniendo la convicción de que se va a lograr, se ha llegado hasta aquí, solo queda lanzarse.

Hay que tener en cuenta que el cronograma requiere periodos de evaluación, se puede dividir en cuatro, por ejemplo, si es un plan financiero anual se puede revisar cada trimestre para saber si hay que hacer algún cambio en la estrategia, incluso se puede hacer mensual, de este modo se mantiene un mejor control, pequeñas revisiones que den panoramas precisos.

Esta es la importancia de los planes financieros medibles, que se hace la inversión y puede ser monitoreada para tener la seguridad de que el dinero colocado allí da los frutos que se esperan e incluso atrapar oportunidades mejores que dentro del mismo plan, permitan aumentar las ganancias.

La importancia de los presupuestos personales y empresariales

Tanto el presupuesto personal como el empresarial son importantes en un emprendedor que anda buscando la libertad financiera. Veamos por separado cada uno de ellos, comencemos por:

La importancia del presupuesto personal

Esta es una inquietud que las personas que tienen las ideas claras, emiten en algún momento de su proceso. Este es un papel importante en la gestión financiera. Es obvio que quien quiere organizar sus finanzas tiene que hacer presupuestos, así lo haga de manera ortodoxa, tiene que tener un control sobre el dinero.

Entonces, ¿por qué es tan importante hacer un presupuesto personal? ¿Qué hace que el presupuesto se convierta en una herramienta vital dentro de la gestión financiera?

Es la doble función que tiene el presupuesto dentro de la toma de decisiones y el manejo de las finanzas personales, así como empresariales.

Planificación

Esta es la primera función, dentro de la estructura de las finanzas en la planificación, esto es como lo dice el nombre cuando se hacen los supuestos de cosas que se quieren alcanzar de acuerdo a los flujos de dinero personal.

Es decir, se proyectan escenarios posibles dentro de lo cotidiano de una persona, es parte de la importancia que reside en lograr modelar ese futuro potencial, es más que eso, permite a una persona encontrar respuesta y hacer los ajustes necesarios a dichos resultados.

Se utiliza para dar ejemplos, cuando una persona piensa en asumir una deuda en la proximidad, lo que debe hacer es elaborar un presupuesto en donde puede ver los impactos que tiene el monto mensual en todo el flujo de efectivo y en base a ello hacer los ajustes que considere necesarios.

A lo mejor cuando se reduce el monto mensual de entretenimiento o se hacen otras medidas de ahorro, esto representa un dinero que se puede invertir en otras áreas donde haya más liquidez para solventar los compromisos financieros.

Esta y otras alternativas se pueden dar cuando se hace un presupuesto personal, haciendo de esta herramienta un papel esencial para el engranaje financiero individual.

Control

Esta es la segunda función, es la que le da importancia al presupuesto, es la de control que sirve como un parámetro para la toma de decisiones y el desempeño de las finanzas personales. Se usa como una referencia de lo ejecutado respecto a lo planificado.

Para esto es necesario que se implementen sistemas de registro que muestren un comportamiento que se ha tenido dentro de un periodo determinado. Estos pueden hacerse de forma impresa o digital. Actualmente existen varias opciones de aplicaciones que se pueden descargar e instalar en cualquier equipo personal, de esta manera se lleva un registro depurado de las maneras en las que se invierte el dinero. Luego se hace una comparativa de las transacciones que se llevan a cabo para después planear cada elemento del mismo.

Elaborar un presupuesto personal, paso a paso

El primer paso es que se identifiquen los ingresos y egresos mensuales para un periodo de tiempo determinado, se puede hacer mensual.

Son movimientos de dinero que se deben hacer clasificándolos en partidas generales tales como el empleo, las inversiones, alimentación, servicios, educación, etc.

Por ejemplo, si se quiere señalar cuánto se gana al mes como producto del empleo, cuánto por las inversiones, cuánto se gasta en alimentación, transporte y otros.

Hay que identificar todos los movimientos que generen entrada y salida de dinero, procurando desglosarlas lo más que se pueda, por ejemplo, con los servicios se puede dividir en agua, luz, alcantarillado, gas, etc. Hay que ser lo más preciso posible al momento de estimar el dinero que llega por cada partida.

Hacer un borrador del presupuesto personal:

Cuando se ha estimado lo que se puede tener como ingreso y egreso al mes, se puede empezar a hacer un borrador del presupuesto personal.

Para ello se debe elaborar un cuadro, que sea una hoja de Excel si se desea. Allí se incluye cada partida que genere ingresos y egresos, los montos que se tienen que hacer en cada partida para los siguientes meses del año.

Se deben estimar los montos y evaluar tomando en cuenta los ingresos y egresos, también las proyecciones y los objetivos financieros.

Si en educación se invierten mil euros para el otro mes se puede invertir más en esta partida y poner que se invierten 1200 euros

O si en entretenimiento se invierten 500 euros, para el otro mes se puede planificar una reducción y poner que se invierten 450 euros, por ejemplo.

Elaborar el presupuesto personal:

Cuando se ha elaborado el primer borrador del presupuesto personal, se pasa a analizarlo en profundidad, se hacen los ajustes o los cambios que sean necesarios.

Lo primero que hay que hacer es mirar el saldo que aparece al final del presupuesto, el monto resultante de la diferencia entre el total de los ingresos y el total de lo que se invierte en otros bienes. Hay que asegurarse de que este sea positivo y que el monto es adecuado, lo recomendable es que corresponda con al menos el 10% de los ingresos totales.

Si es diferente a esto, se tiene que evaluar si se pueden generar más ingresos, procurar más ventas en el negocio o buscar otras fuentes donde llegue más capital.

Además, hay que evaluar si se puede reducir el dinero que se invierte en otras cosas, por ejemplo, las revistas que no se leen, suscripciones a canales streaming, pequeños ajustes que permitan aprovechar mejor el dinero.

Darle un buen destino al saldo

Cuando ya se ha elaborado el presupuesto personal, se debe planificar el destino del saldo resultante, se debe procurar que sobre al menos el 10% del total de ingresos. La idea sería que fuera 20 o 30%.

En cuanto al destino de ese saldo resultante, hay varias alternativas, lo más común es que ese monto vaya a una bolsa de ahorros, la cual se puede usar más adelante en caso de que no ocurran gastos no estipulados. Este dinero se puede usar para inversiones o para algún gusto.

Otra opción es que se determine el monto del saldo, de allí se toma un porcentaje del total de los ingresos y el dinero que sobra se usa para cubrir gastos no esperados.

También el dinero se puede dividir para distintos destinos por ejemplo se puede destinar un porcentaje a una cuenta de jubilación o también a una cuenta de ahorros para una compra especial, para un coche, para una casa, para ese negocio de los sueños.

Ajustarse al presupuesto personal

El otro paso es que luego de haber hecho el presupuesto personal y haber planificado el destino del saldo que quede, se debe solo seguir lo planeado.

Entre más disciplina se tenga para seguir este presupuesto, mejor será el resultado final, los presupuestos personales no son muy usados, quienes lo hacen lo siguen al pie de la letra porque saben lo beneficioso que es. Aquellos que no lo usan es porque no han descubierto su utilidad. Estos planes hay que revisarlos constantemente para optimizarlos y ver de dónde se pueden sacar más oportunidades de ahorro sin privar a nadie en casa de sus necesidades básicas.

Se debe seguir al pie de la letra el monto que corresponde a cada punto, determinar el total o parte de este y no olvidar el ahorro mensual.

Un consejo para que el ahorro esté seguro es que se coloque en una cuenta de ahorros en el banco, lejos del dinero que se tiene personal y de uso diario, así se quita la tentación de invertirlo en otras acciones distintas a la que realmente tienen destinado ir.

Revisar el presupuesto personal constantemente:

El presupuesto personal debe ser revisado constantemente, así no se siga al pie de la letra, siempre hay que verlo porque es una brújula para llegar a donde se quiere en los planes personales.

Asimismo, el presupuesto debe tener cierta flexibilidad, es decir se deben hacer los ajustes cuando se deban, siempre buscando que el saldo o monto que se destina sea cada vez mayor. Cuando se quieran tomar decisiones importantes, este presupuesto debe ser la referencia, revisarlo y ver si ese paso es permitido dentro de las finanzas personales, asumiendo así una responsabilidad que se tiene la capacidad de cumplir.

Importancia del presupuesto empresarial

El presupuesto empresarial es una herramienta valiosa, en este se planea cada una de las operaciones que se llevan a cabo en un periodo determinado. La finalidad es poder auxiliar la administración en el cumplimiento de los objetivos que se tienen dentro de la corporación.

Dentro del documento se definen los recursos que se deben usar para cumplir con los términos financieros, como cualquier herramienta, este presupuesto tiene ventajas y fronteras.

Dentro de las ventajas se puede destacar que:

- Facilita la eficiencia y el control de la operación.

- Exige cooperación entre todos los departamentos de la empresa, motivando a la dirección para que se enfoquen en objetivos realizables.

- Promueve que se estandarice y se controle el flujo de la información.

- Que se reduzca la incertidumbre.

- Que se hagan mejoras constantes para los que trabajan en la empresa.

Dentro de una empresa un presupuesto es un mapa para que se navegue seguro, hay que comprender la ruta que se ha trazado, las proyecciones que se tienen, también hay que tener la previsión para el día a día cuando aparecen gastos no marcados que hay que cubrir, allí es donde están las fronteras.

El presupuesto es un conjunto de estimaciones, la estadística es el mejor elemento para ser más acertado en su preparación.

La administración seria lo ajusta a la medida de los cambios de gran importancia y aumenta las probabilidades de éxito.

Se debe usar como una herramienta y no como un escrito sobre piedra, el presupuesto debe ser complementario, teniendo en cuenta que lidera siempre la administración, el presupuesto tiene que estar en armonía con esta.

Buscando ser eficiente el presupuesto se encarga de medir indicadores como las ventas, las operaciones y las rotaciones también varias métricas, esto aumenta la buena operatividad de la empresa.

Estrategias de ahorro

El ahorro es importante y necesario para garantizar el futuro inmediato y a largo plazo. Se basa en reservar una porción de los ingresos que serán usados en planes para cualquier persona, sirve para que se sorteen dificultades económicas y se materialicen sueños sin tener que caer en endeudamientos.

Hay muchas razones para hacer este ahorro, como el de comprar una casa, hacer viajes, tener dinero para el retiro en la vejez, montar ese negocio anhelado, todo lo que desea una persona que está motivada para poder asegurar su mañana.

Independientemente de los ingresos se debe destinar una parte de estos para ahorrar, lo importante es que se separe la misma proporción para convertirlo en un hábito quincenal o mensual, que se aparte siempre el dinero que se va a ahorrar y lo demás usarlos para las demás responsabilidades que se tengan. Así, se puede ahorrar.

En algunos casos las empresas promueven el ahorro por medio de fondos que le permite a quienes trabajan allí tener un dinero que no tocan, esto es una opción excelente porque no tienen acceso a él y ahorran dinero para más adelante.

En cualquiera de estos casos con disciplina y amparado por algún ahorro obligado se debe propender siempre a destinar un ingreso para ahorrar. A lo mejor se tiene un monto para guardarlo para una fecha especial, alguna compra importante, se puede hacer una división de los meses que faltan para esa compra y determinar el modo en el que se va a ahorrar ese dinero, así se puede emprender un ahorro que sea organizado y en la fecha estipulada se tendrá la cifra.

Así el ahorro sea pequeño, el solo hecho de empezar ya es un buen hábito que se instala y permite llegar a las metas y a los deseos.

El ahorro brinda la oportunidad de materializar los sueños y lo más importante es que se toma una costumbre sana de organizar los ingresos y priorizar el consumo. La buena práctica del ahorro se constituye en la mejor carta de presentación al momento de solicitar un crédito.

El ahorro representa un soporte para que se pueda atender cualquier emergencia y va a permitir una mejor calidad de vida en el futuro, es mejor consumir de manera responsable ahora y tener montos fijos más adelante. hay que gastar de acuerdo a cómo se percibe ingreso, ahorrar da la seguridad y tranquilidad para tener independencia financiera y cumplir las metas y cubrir todos los gastos que se presenten sin haberlos esperado.

El hábito de ahorro se tiene que ver como un estilo de vida que garantice a la sociedad una estabilidad económica y mantenga un crecimiento permanente dando tranquilidad en temporadas donde los ingresos son diversos. El ahorro programa garantiza un futuro mejor para la persona que lo hace como para quienes depende de ella y sus generaciones venideras.

Guardar el 25% del ingreso total

Cuando se quiere tener dinero que alcance para cubrir todas las necesidades se tiene que implementar un plan de ahorro tangible, como el del 25% de los ingresos totales, una suma importante de ingresos que se pueden emplear en el futuro para buenas inversiones.

Con este punto lo que se quiere es trabajar la mentalidad para ver el ahorro como lo que es, un amigo, un aliado para todas las situaciones de la vida, al verlo de esta manera se puede empezar a ahorrar con una habilidad increíble.

Ahorrar es importante, y cada día más personas se dan cuenta de lo beneficiosos que es. Cuando se es joven aún no se ha desarrollado del todo la palabra planeación, con el tiempo ésta madura y aparece y se hace forma de vida.

Para ahorrar se necesita planeación, y ahorrar se hace prioridad, el momento para empezar a ahorrar es ahora mismo, a partir del próximo ingreso ya se tiene que ahorrar ese dinero.

Para hacerlo hay que reestructurar el estilo de vida que se tiene ahora, de este modo también se puede disfrutar, la verdad es que entre más temprano se empiece a planear la vida financiera más se podrá disfrutar del futuro y la tranquilidad.

El futuro aún está escribiéndose, entonces lo que se tiene es el ahorro, este debe estar presente para lo que se presente, tanto oportunidades como retos. Tener ahorros abre la puerta para aprovechar ese negocio de la vida cuando se presenta y solo requiere que se ponga el dinero.

El ahorro permite:

- Contar con dinero para inversiones no programadas.

- Asegurar el retiro.

- Adelantarse a las situaciones especiales.

- Vivir más tranquilo.

- Brindarle una mejor educación a los hijos.

- Invertir para el futuro.

Es por esto que se deben estudiar estrategias para comenzar a ahorrar parte de esos ingresos que llegan y como las metas grandes requieren de planes grandes, la ideas es que se ahorre el 25% de los ingresos.

Un cuarto de los ingresos totales. Esto es muy posible de hacer, si se dan los pasos necesarios.

El primer paso para lograrlo es que se:

Rastrear los gastos y diseñar un presupuesto

Rastrear quiere decir que se va a determinar lo que se invierte de manera fija mensual, esto quiere decir los arriendos, el transporte, los servicios, incluso las salidas a pasear.

Se debe tener la certeza de hasta el último centavo, de este modo se puede hacer un presupuesto.

Así se podrá crear un plan para gastar de manera inteligente y determinar por adelantado lo suficiente para que se sepa lo que se va a hacer con ese dinero.

Este paso es importante porque permite que se conozca la situación actual en cuanto a las finanzas.

Luego de haber revisado y elaborado un presupuesto se debe resolver si se invierte bien el dinero que se gana.

De ser necesario deben hacerse correctivos para que los ingresos sean superiores a las inversiones básicas mensuales.

Aprender a controlar el uso de la tarjeta de crédito y de los, ahorros, conocer la situación que se tiene y dejar como resultado final unas finanzas saludables.

Cuando se tiene un presupuesto con saldo en positivo ya se va por buen camino, la idea luego de esto es ahorrar más que el 5 o el 10% la idea es ahorrar el 25%.

Para poderlo hacer hay que entender:

¿Cuáles son las maneras de ahorrar?

Cuando se ve al ahorro desde las diversas actividades que se hacen a diario, se ven diversas formas de ahorrar. Esto se logra dando prioridad a las inversiones principales y aumentando los ingresos.

Teniendo en cuenta que reducir el dinero que se invierte es la forma más rápida de aumentar el nivel de ahorro, hay métodos que llevan a que se aprenda a ahorrar el 25% del ingreso total.

¿Cómo ahorrar dinero reduciendo algunas partidas?

Reducir el dinero que se emplea requiere que se evalúe con cuidado el presupuesto. En caso de necesitarlo, se deben hacer nuevas estructuras.

Esto requiere que se hagan cambios en los hábitos diarios y que se busque una vida más frugal, hay que hacer cambios para que el dinero se mantenga en la cuenta. A pesar de hacer estos cambios, igualmente se puede disfrutar de la vida.

Hay que aprender a controlar los impulsos en el uso del dinero, saber que siempre se presentan oportunidades para utilizarlo, como una fiesta, un matrimonio, cumpleaños, cambiar de móvil, regalos en navidad, vacaciones, entre otros. Cada una de estas festividades debe tomarse con mente fría para que el dinero sea usado con inteligencia y se mantenga el ahorro.

Hacerlo es posible. Es importante recordar el uso de un presupuesto para controlar cada uno de los movimientos del dinero. Así se pueden hacer los ajustes que sean necesarios para ahorrar este porcentaje.

Hay que concentrarse en aumentar el ahorro por medio de los cambios en el presupuesto, suprimiendo algunas compras que puedan ser innecesarias.

Para ello hay que fijarse en los movimientos de dinero más grandes, si se toma en cuenta el movimiento de los ingresos se verá que todo se va en:

- Vivienda.

- Transporte.

- Comida.

Hay que ver cómo mejorar los movimientos de dinero en estos tres puntos, para optimizarlo, seguir disfrutando de todos y ahorrando más dinero.

Ahorro de dinero en la casa

- Si la vivienda es alquilada se puede buscar una más pequeña para que el arriendo sea menor.

- Se puede arrendar una habitación que no se use mucho, de este modo se pueden dividir gastos. El uso de herramientas como Airbnb es ideal para este punto.

- Se desarrollan estrategias para que el recibo de los servicios salga más económico.

Ahorro de dinero en transporte

Además de hacer la mudanza a una vivienda más pequeña, esta puede ser en un lugar donde esté cerca el trabajo o donde se va con frecuencia, así se ahorra esta suma que se da al transporte.

La bicicleta es otro modo de transportarse que es económico y saludable. La bicicleta ayuda a ahorrar dinero y es una excelente forma de bajar de peso.

Cuando se transporta en carro se debe mejor considerar el transporte público, no hay que olvidar que se deben pagar seguros del coche, mantenimiento, etc. Si se hacen los cálculos a lo mejor es rentable.

Ahorro de dinero en alimentación

Se deben controlar las comidas de restaurante. Dejarlas para ocasiones especiales de una vez al mes o cada dos semanas. Este dinero que se ahorra se puede guardar para otras inversiones más palpables.

Se deben planear las comidas de la semana, las de cada día, así se evita caer en comprar alimentos ajenos a esta dieta, lo que deja como resultado mejor peso y ahorro de dinero.

Antes de ir al supermercado se puede hacer una lista de lo que se necesita, así se puede traer lo que se anotó, salvándose de comprar otros alimentos que pueden ser innecesarios.

Se puede llevar el almuerzo al trabajo, salir a comer a diario con los compañeros representa un dinero que se deja en estos negocios y puede servir para nuestros propios negocios. Si se prepara el día antes y se lleva, se ahorra una buena cantidad.

Consumir una dieta vegana ayuda a que se ahorre dinero en carnes que pueden tener un precio elevado.

Se pueden comprar grandes cantidades de comida, esos alimentos no perecederos se pueden dejar en casa por meses, así se ahorra dinero y no se va tanto al supermercado.

Veamos un ejemplo real de cómo ahorrar dinero y tener un 25% libre para otras inversiones:

Daniela Martínez es una diseñadora de modas que trabaja para una importante firma en la ciudad, ella decidió ponerse la meta de ahorrar 25% de su ingreso total mensual. Ella no tuvo duda de que era posible hacerlo.

El primer paso que tomó fue calcular el dinero que tenía disponible luego de ver todas sus inversiones básicas mensuales (vivienda, transporte, débitos directos, salud, entre otros), es decir ella hizo un presupuesto.

El dinero que le quedó lo destinó a comida y entretenimiento, allí fue donde enfocó la estrategia de ahorro, y ahora se enfocó en bajar la cantidad de dinero que gastaba.

Ella dice que antes de ir a comprar revisó lo que tenía en la alacena, ya que compraba muchas cosas que no consumía después.

Se dio cuenta que tenía muchos productos, esto redujo la compra en el mercado.

Ella no es de comer muchas carnes, se decanta por frutas, verduras y granos, platos que se componen de arroz, pasta frijoles y vegetales, ayudando a estirar el presupuesto sin afectar la nutrición.

Gran parte de su dinero se invertía en alimentos, así que vio que la parte a trabajar era esta, debía comprar alimentos que fuera consumir de verdad.

Mientras controlaba las compras de los alimentos se centró en cocinar más y en buscar ingredientes con un mejor precio, para ahorrar más todavía.

Su presupuesto era estricto y también posible, con este nuevo estilo de vida no tuvo deseos de ir a restaurantes, sino que disfrutaba comiendo en casa sus propias recetas.

Manejaba un presupuesto excelentemente, y se iba adaptando a cada cambio que hacía. Evaluó con valentía las metas de ahorro y sus prioridades y decidió en qué valía la pena emplear tal cantidad de dinero.

Al final del mes y en los siguientes meses mantuvo sin problema el ahorro del 25% mensual. Esto le permitió emplear ese dinero en oportunidades y sueños que esperaban ser materializados cuando hubiera la disponibilidad económica.

Ahorro de dinero en entretenimiento

Este es uno de los cambios que se hacen para poder seguir disfrutando y a la vez ahorrar.

Se pueden buscar planes económicos en la ciudad, hay parques, museos, zoológicos, acuarios y hasta conciertos que no cobran entrada. Se puede salir de casa y ahorrar a la vez.

El deporte es una buena alternativa, correr, montar en bici, estos son planes saludables y económicos. Se puede ir en bicicleta para llegar a nuevos lugares, hacer carreras de varios kilómetros, todo esto ayudará a mejorar el estado físico. Se pueden conocer otras personas, disfrutar de los fines de semana sin gastar nada de dinero.

Los planes en casa son otra gran opción, las consolas de juego, diversiones en familia, son medios para entretenerse.

Ese dinero que se deba invertir y sea ineludible se puede programar en el presupuesto, formar parte del ahorro, para que no afecte el ahorro principal del 25%.

Los planes de ahorro se disfrutan, porque al final del camino espera una buena suma de dinero que se puede invertir.

Hacer compras inteligentes

Las compras inteligentes es adquirir lo que realmente se necesita. Cada que se vaya a hacer una compra hay que preguntarse si esta es necesaria, de serlo pues se hace. Muchas empresas crean productos para aumentar sus ganancias, algunas pueden ser necesidades que se pueden postergar para mejores tiempos.

Haciendo compras solo de lo necesario se ahorra mucho dinero.

Se puede usar la regla de los treinta días. Este es un tiempo que una persona puede tomarse para pensar en la utilidad que puede tener esa compra. Si al pasar este tiempo de los treinta días se sigue viendo la necesidad, entonces la compra debe hacerse.

Controlar los gastos es la mejor manera para aumentar los ahorros, incrementar los ingresos es otro modo de percibir otras oportunidades y ver más dinero. Esto se traduce en más ahorro.

Se puede trabajar más horas, conseguir otro empleo, hay trabajos freelance. La mejor forma de mejorar los ingresos es colocando un negocio y este se logra cuando se ahorre lo suficiente.

Como consejo, estas son otras maneras de ahorrar:

- Si se vive en pareja se puede intentar vivir con un solo salario y el otro ahorrarlo, esto permite tener una suma considerable de ahorro mensual. Superando el 25% incluso. Esto es bueno.

- Se puede suprimir la línea de teléfono fijo, normalmente se usa mucho el móvil más que la línea fija. Cancelarla es un ahorro.

- Se puede cancelar la televisión por cable que poco se ve. Las nuevas tendencias son los canales streaming y el internet.

En conclusión, se puede decir que colocando todas las estrategias en la mesa se puede conseguir un buen ahorro mensual. Se puede empezar con metas, el primer mes se ahorra un 10%, el segundo un 15% y así se va hasta llegar al 25%, incluso se puede ir por más, 50% es un número muy sugerente.

Todo es cuestión de actitud.

Invertir sabiamente el dinero

Invertir dinero con sabiduría se enmarca en una serie de acciones que como inversionistas se puede ser capaz de aprovechar, por ejemplo, se puede unir fuerzas para construir riquezas que quedaran para el patrimonio familiar.

En el momento en el que los ingresos pasivos dan la independencia necesaria para dedicarse a otras cosas, se le está ganando la partida al dinero, cada persona tiene sus propios planes dependiendo del estilo de vida que lleve.

La línea de meta para cada persona es diferente, cada uno tiene sus planes y objetivos dependiendo de la vida que lleve.

Hay personas que quieren tener casas, otros desean una cabaña en la montaña, cazar y tener un perro fiel. Algunos desean un coche de alta gama, una villa inmensa mirando al mar, un reloj costoso, tener inversiones que generen dinero mensual. Otros quieren dinero para que sus nietos no se preocupen. Cada uno tiene sus prioridades económicas.

Hay formas de invertir dinero con sabiduría si se siguen sabiamente estos consejos se puede permitir emprender el camino a la riqueza, hay que tenerlo en cuenta para saber manejar la situación financiera y tomar las que funcionen.

Se debe ser dueño de aquello que se entienda

Esto quiere decir que hay que invertir en un área donde se posea conocimiento. Esto permite que se transite por un terreno conocido. Hay que ser dueño de algo que se le pueda explicar sin problema a un niño de 5 años. Hay que saber cómo se genera el dinero, los caminos de cada uno y los métodos.

Esto es algo que suena sencillo, pocos lo pueden seguir de verdad. Cuando un mercado empieza a irrumpir las personas inteligentes saben que deben salir del mercado, este es un mercado donde todos compran, hasta el pescadero. Hay que vender posiciones y aguardar.

Si se invierte en cuotas de acción o participación de sociedades limitadas, se deben conocer todos los pasos que se llevan en ella. Es el único método valido para hacer compras, cada una de las inversiones que se quieran hacer necesitan de un estudio previo o reconocer que no es el área que se maneja y declinar la compra.

Invertir dinero sabiamente es conocer todas las variables del negocio

Todos los negocios tienen variables que toca atender en el camino, al invertir sabiamente también se presentan y toca revisarlas. Cuando se hacen a tiempo se ahorra mucho dinero. Cada inversión presenta oportunidades de probar de lo que se está hecho.

El ahorro en las compras

Es posible ahorrar dinero mientras se hacen las compras. Hay maneras efectivas de invertir el dinero de forma sabia. Estos son unos consejos que se deben tomar en cuenta a la hora de salir a comprar:

Llevar una lista de compras

Tener una lista de compras es necesaria para ahorrar dinero, para preparar esta lista se necesita escribir todo eso que se necesite en casa, funciona bien para dividir la lista en partes: lo que se necesita y lo que se desea.

De este modo se puede controlar la cantidad de dinero que se invierte en las compras, se sabe dónde se pueden enviar los gastos, cuando se va de compras con una lista se hacen más rápido y se adquiere lo que se necesita. Así se ahorra tiempo y dinero.

Comer antes de ir de compras

Ir con hambre al supermercado es sinónimo de comprar varias cosas adicionales a las que salen en la lista.

Cuando se va comido solo se irá a comprar lo que aparece en la lista y no se alterará la compra. Es una manera sencilla de conseguir un buen ahorro en las compras de casa.

Comprar lo que se necesita

Hacer reservas de comida no perecedera es excelente porque no se saldrá tanto a comprar al supermercado y se ahorrará dinero, esto cuando se habla de comprar en el supermercado porque cuando se compran otros productos también se deben ir por lo que se necesitan para así no salirse del presupuesto.

Si se va a comprar ropa preferiblemente elegir ropa que sea para uso constante que combine con varias prendas y que dé elegancia a la vez, hay muchas prendas que se pueden utilizar en diversas ocasiones y siempre calza, además mucha ropa que no es de marca es elegante y de mucha calidad.

Hay que anotar cada compra que se hace

Se puede anotar el presupuesto para comprar, en el teléfono móvil, o en una agenda con un bolígrafo. Se comprueba el dinero que se trae y esto genera buenos resultados porque se es consciente de los gastos que se hacen. Es un buen hábito que permite controlar todos los movimientos de dinero que se tienen.

Consultar con la almohada previo a comprar

Una compra que tenga un monto un poco alto se debe consultar con cabeza fría. Se puede tomar unos días, una noche, una semana e incluso un mes, tal como se señaló antes, la técnica de los treinta días.

Cuando se vea un producto que se desea se deja pasar la emoción del momento y se piensa con cabeza fría la necesidad de la compra. Hay que darse un tiempo para comprar y analizar ese movimiento bancario, si es realmente necesario.

Controlar las compras a crédito

Cuando se hacen compras se tiene que seguir la regla de comprarlo cuando las finanzas personales lo permitan. El crédito maneja intereses que aumentan los gastos en el presupuesto familiar. Cada compra especial como un televisor, una computadora, un teléfono de alta gama, se debe hacer cuando se cuente con el dinero para ello.

Desarrollar un hábito de compra mejora los ingresos familiares y personales. Se pueden usar también las promociones y los descuentos, dando la oportunidad de un ahorro adicional.

Esta es una manera increíble de aumentar los ahorros. Fácil de hacer y aplicable a todos.

Otras formas de ahorrar (gastos inesperados, reparaciones, oportunidades nuevas)

A estas alturas se ha hablado ampliamente del ahorro, ahora es conveniente abordar los distintos tipos de ahorro y la importancia que tiene cada uno de ellos. Cuando se quiere hacer una gestión inteligente de la vida financiera hay que tenerlos en mente para que se ahorre en todos los sentidos.

Cuando se ahorra es necesario saber a qué va a dedicar ese dinero, ya que si se tiene claro esto ayudará a que se sea más consciente de los objetivos y las motivaciones para guardar dinero.

Un consejo para comenzar es que el dinero se puede distribuir en diferentes bancos, para mantener movimientos separados según la necesidad.

Estos son los distintos tipos de ahorro que todo emprendedor que busca la libertad financiera, necesita;

El ahorro para gastos no considerados

Este es un tipo de ahorro que se tiene para cuando se presentan situaciones donde hay que hacer pagos imprevistos. Pueden ser gastos altos o bajos, este tipo de ahorro representa una buena suma porque nadie tiene escrito el futuro y debe prevenir lo que pueda suceder o no.

Es un ahorro que debe mantener una suma para aproximadamente cubrir los gastos básicos de seis a doce meses.

Un dinero que puede servir para vivir este tiempo mientras se consiguen nuevas opciones o mientras se pasa por una experiencia inesperada.

Una buena manera de ponerlo en marcha es que se tenga una transferencia automática cada mes donde se debite este dinero a otra cuenta o un bolsillo para que se ahorre constantemente.

Se puede destinar por ejemplo el diez por ciento del ingreso total. Cuando se acumule una cantidad para cubrir los gastos de esos meses entonces se puede reducir la cantidad para poder dedicar los ingresos a otros ahorros.

Este ahorro solo debe tenerse en cuenta para situaciones extraordinarias, de resto no existe. Cuando se haga una evaluación de los ahorros este dinero no se debe incluir. Es un dinero que sale a la luz cuando toca confrontar situaciones inesperadas.

Si se quiere conseguir la libertad financiera el ahorro es vital en esta etapa, y debe crecer cuanto antes, llegando más allá de los doce meses.

Ahorro regular

Este tipo de ahorro es similar al anterior, con la diferencia de que es más activo, la idea es ahorrar para situaciones más normales, para por ejemplo renovar la cocina, o un coche nuevo, para una boda o cualquier dinero especial que se desee.

Se debe saber para qué se ahorra, de este modo se puede organizar más fácil el ahorro y hay motivación. Esto permite que el dinero permanezca allí, inmutable hasta lograr la suma requerida.

Para estos casos se puede ahorrar también un 10% al mes, de manera automática, sin que se cuenten los ingresos regulares y sin que se pueda usar el dinero día a día.

El ahorro puede servir para vivir cuando se tengan que hacer otros movimientos bancarios inesperados. Es un dinero al que se puede optar primero, antes de tocar el dinero de imprevistos.

Una cuenta bancaria para cada miembro de la familia

Es recomendable que cada miembro de la familia tenga una cuenta bancaria de esta manera puede usar sus gastos personales cada uno. Se puede tener una cuenta principal donde se manejen todos los movimientos, además de esto cada uno puede manejar el dinero en casa y así se lleva un mejor control.

Cuenta de ahorros para los hijos

Tanto el padre como la madre pueden tener una sola cuenta que muevan juntos. Tener una cuenta de ahorros para los niños es algo fundamental para enseñarles a ahorrar a lo largo de su infancia y juventud.

Se les puede enseñar a que coloquen una suma cada mes, para que crezcan con la filosofía del ahorro, se pueden permitir poner 100 euros mensuales por hijo, también se les puede crear un dinero para ellos, un ahorro que se tenga para gastos imprevistos que ellos requieran.

Es importante que los niños sepan que ese dinero se ahorra para su futuro. Ellos también deben ahorrar cada que puedan, sus cumpleaños, en su primer empleo, el ahorro infantil les permite tener la dinámica para que de adultos sean libres financieramente.

Cuenta de ahorro médico

Hay países que no manejan la seguridad social para cubrir los gastos médicos que como humanos en algún momento necesitamos. Por eso es importante tener una cuenta para estas situaciones, para cubrir exámenes, embarazos, chequeos de rutina. Este ahorro se puede traducir en tener un buen seguro médico, entonces mensualmente se paga la cuota correspondiente a esta entidad médica para asegurar la atención en caso de ser necesaria.

Cuenta corriente

La cuenta donde se pone a lo largo del mes el dinero que se mueve constantemente no debería tener grandes sumas. Solo el necesario para pasar el mes. El dinero real se debería tener aparte, donde se puede usar realmente, donde se cuente con dinero utilizable.

El dinero se puede tener en otra cuenta que no se considere, que se olvide en el mes para que se mantenga seguro. Así facilita no usarlo.

Ahorro para divertirse

Esta es una propuesta interesante, la cuenta de ahorros para divertirse, esta incluye cualquier cosa que se salga de la rutina habitual y que se desea hacer, puede ser una salida al mes o cada quince días.

La idea con esta cuenta es que se mueva el dinero que queda a fin de mes a la cuenta corriente intocable, y se puede dejar un pequeño porcentaje para salir a pasear.

Como con todas las cuentas bancarias, hay que definir los objetivos para tener motivación, puede ser el ahorro para las vacaciones, para tirar la ventana en navidad, para ir un sitio especial. Cada familia decide, debe haber un motivador.

La anticipación es clave para lograr el éxito. Como todo en la vida el ahorro es importante, y se debe ser precavido. Entre más rápido se empiece a ahorrar mejor será. Sea que se quiera alcanzar la libertad financiera, montar un negocio o irse de vacaciones. Entre más rápido se tome el hábito del ahorro mejor será para los objetivos personales.

Capítulo 4: Aprender a pensar como los ricos

La persona que piensa como rico sabe que sus objetivos se centran en lograr aumentar el capital, independientemente del dinero que tengo ahora mismo. El que piensa como rico espera vivir pudiendo viajar, manteniendo negocios, siendo altruista y lo mejor: siendo disciplinado.

De los ricos hay que notar su motivación, los esfuerzos, la determinación para lograr sus metas. El que piensa como rico invierte su tiempo pensando en cómo crecer como personas, el azar no entra en sus vidas, solo la determinación y el temple de crecimiento.

La mentalidad es el primer paso para pensar como rico, hay que trabajarla para desarrollar este tipo de pensamiento. Los ricos hacen su dinero con constancia y optimismo, con visión y mucha voluntad. Saben que deben cambiar unas cosas por otras, pasos necesarios para conseguir aumentar la fortuna. Hay que trabajar fuertemente para asegurar el futuro. En este capítulo se trabajarán las herramientas necesarias para cambiar la mentalidad y empezar a pensar como rico.

Educar la mente

El primer paso para pensar como rico es educar la mente, trabajarla reconociendo que todo está a favor si así se quiere, que las oportunidades están allí afuera para ir a por ellas, sabiendo que se puede empezar con el dinero que se tenga y no olvidando que el elemento más importante es la persona que emprende.

Todo está a tu favor si así lo quieres ver

Todo está a nuestro favor si así lo queremos ver. Cada día en la calle hay una oportunidad de negocio que puede cambiar la vida de una persona para siempre.

Los pensamientos son poderosos, están llenos de energía y transforman según su vibra. Cuando se incorporan buenos hábitos se le puede dar un giro inmenso a la vida.

El primer paso es reconocer que:

- Se tienen las oportunidades para lograr cualquier cosa.

- Las oportunidades solo hay que verlas, están allí disponibles.

- No hay que esperar a tener el mejor empleo, los ingresos más altos o la fortuna anhelada, solo el deseo de crecer.

- Saber que el dinero se busca, allí está.

- Que se puede empezar solo o acompañado, solo se necesitan las ganas.

La responsabilidad de cada suceso en la vida es de sí mismo. Los ricos investigan, estudian, adquieren conocimientos, se arriesgan, todo es con un propósito y un objetivo. Siempre con la convicción de que lo pueden lograr y buscando alcanzar la perfección.

Ver las oportunidades

La creación de las oportunidades depende directamente de la mente, hay muchas condiciones externas que demuestran que se puede lograr el éxito si se tiene la determinación para hacerlo.

Cuando se analiza detalladamente se ve que en realidad solo depende de sí mismo.

No importan las circunstancias alrededor, cuando una persona tiene la convicción de lograr algo, lo hace aunque las circunstancias parezcan no estar en sintonía con él.

Si una persona cree que eso que está allí es posible, por supuesto que este se hará realidad. Esto tiene que ver con la acumulación de energía, las personas pueden trasmitir el sentido de la urgencia y logran terminar lo que se estén proponiendo. Cada logro tiene su tiempo estipulado, de que se logra, se logra.

Cada persona pone energía individual al inconsciente colectivo, cuando todos se ponen en sintonía de éxito, este camina y se da. Cuando piensa que la vida es posible y se pueden adquirir los bienes que se propongan, todos los pueden comprar.

Las personas deben aprender a desarrollar mantras positivos donde digan que pueden lograr las cosas, que van a emprender con éxito, que este negocio se logrará. La abundancia está disponible para todos. Aparece cuando se quiere materializar, si alguien dice "yo soy feliz", "yo soy rico" comienza a materializarlo y poco a poco va aumentando ese capital y en un momento será en realidad rico.

Comienza a llegar la transformación para tener todos los sueños materializados y haciéndolos realidad. Todo porque se logra poner la voluntad a trabajar.

Cuando se quiere aprender un deporte, se va al sitio donde lo enseñan, con el éxito, la búsqueda de dinero y la abundancia, se hace lo mismo. Hay que buscar asociarse con este tipo de ideas, siguiendo el consejo de los grandes, encontrando personas que tengan el nivel apropiado para que den consejos y lecciones de vida. El conocimiento es oro, hay que valorarlo.

Las oportunidades para triunfar están allí a la vuelta de la esquina, hay que aprender a ver las oportunidades como un camino, sabiendo que este necesita ser construido poco a poco.

Actualmente hay muchas oportunidades gracias a la sobreinformación. Ahora las comunicaciones son más abiertas que hace cien años. Se pueden conseguir recetas que antes no era posible, hoy el mundo se abrió y con esto las oportunidades.

Ahora se puede aprender desde casa, se arreglan computadoras, se hacen negocios diversos, se trabaja desde casa, se pueden tener negocios simultáneos. Solo hay que tener la mentalidad de que las oportunidades están allí, solo hay que enfocarse en cada una de ellas y ponerse a trabajar.

Puedes empezar ahora, con el capital que tengas

Cuando se tienen los sueños se tiene que empezar a trabajar por ellos, antes de esperar a tener una determinada suma de dinero, se puede arrancar con el capital que tenga, por lo general los negocios no requieren que se ponga la suma en un solo lugar. Con el dinero que se tenga se puede hacer la inversión en un área determinada.

Por ejemplo, se quiere poner un sitio web, entonces se puede hacer la inversión del dominio y el hospedaje. Cuando se tenga otra suma de dinero se puede pagar a un redactor para que haga el texto; más adelante se le puede pagar a un programador para que diseñe el sitio web.

Con otro ingreso se puede pagar el Seo on Page y de este modo el sitio va creciendo y al final sin haberse esperado a tener la suma completa, ya se cuenta con un sitio web sólido y listo para generar ingresos.

Esto aplica para todos los negocios, incluso para los offline, si se va a montar una peluquería se compran en una oportunidad las sillas, en otra los equipos, y de este modo al final se tiene todo el mobiliario y solo queda el dinero para arrendar el espacio.

Para empezar, solo hace falta el deseo y un poquito de dinero. Incluso se puede empezar sin dinero, desarrollar planes, objetivos, metas, todo eso es trabajo que se puede adelantar.

El elemento más importante para empezar eres tú

El elemento para empezar a trabajar es la propia persona, no el entorno, se puede contar con un entorno increíble, el ingrediente vital para crecer es la persona, el protagonista de todo.

Cuando se emprende un negocio el que velará para que esté llegue es el propio soñador, el dueño, por eso si ya se tiene en mente empezar un emprendimiento se tiene que tener en cuenta que el tener ese fuego ardiendo allí es un ingrediente principal que hay que motivar para que la llama se convierta en un voraz incendio que abrase el interior y sirva como detonante para lograr lo que se proponga.

Este es un punto que jamás se debe olvidar, mientras se tenga la voluntad propia, lo demás puede marcharse, siempre llegarán nuevas oportunidades para seguir adelante.

Todo es inversión

Actualmente se vive en una época donde el dinero es un elemento esencial para cubrir todo lo que se requiere en un inmueble. Es el método de pago actual que antes era similar con el trueque, se entregaba algo de valor a cambio de otro objeto de valor para nosotros.

Cada que hacemos alguna transacción esta debe ser una inversión para nosotros, un valor a cambio de otro valor o una estrategia para que se multiplique el dinero en nosotros.

Se sabe que en esta sociedad actual se debe manejar liquidez para poder acceder a bienes y servicios, desde que nacemos se nos enseña el valor del dinero y lo que este representa para nuestras vidas, crecemos viendo cómo el movimiento de capital influye en lo que hacemos y las ventajas que ofrece poder contar con él para hacer diversos pagos. El dinero se requiere para vestirse, alimentarse y estar en la sociedad.

Además de las necesidades que se quieren cubrir también hay que tener en cuenta que se deben controlar los ingresos para las relaciones sociales, el dinero se invierte para abrir caminos, un café con otra persona es dinero que se entrega a un proveedor para poderlo disfrutar. Cualquier tipo de reunión que se vaya a tener con otra persona, sean compañeros, antiguos amigos del colegio o viejas amistades, requiere de dinero que hay que invertir. Gracias al dinero se puede colocar de manera inteligente para que este atraiga oportunidades a las puertas, porque una reunión donde se invierte en un almuerzo de negocios sirve para cerrar un trato millonario. Por tanto, el dinero es inversión.

Aquí solo se está viendo el dinero desde el punto de vista personal, si se ve desde el punto de vista del país, el dinero es esencial para mantener la calidad de vida de sus habitantes y también para mantener toda la infraestructura del país. Esto se puede lograr con seguridad social, con tejido empresarial, empleos, presupuestos, inversiones y muchas opciones más.

Sin dinero el país en el que estamos, la sociedad que tenemos para relacionarnos y la economía, serían distintas a como las conocemos ahora.

Saber utilizar el dinero

La administración inteligente de las finanzas incide en cómo se organiza la vida y los gastos. La regla para hacerlo es simple. Hay que gastar un monto inferior al que se gana. Es algo más allá de las matemáticas, esto va a aspectos psicológicos y emocionales que impiden ser conscientes sobre la realidad que se tiene.

La idea es cubrir lo que se tiene que cubrir y mantener al margen gustos que no entren en los movimientos financieros que se tengan ahora mismo. Esto ayuda a que se tenga un mejor uso del dinero, cuando se modifica la mentalidad financiera se puede considerar el ahorro como una opción excelente. Esto permite amortiguar cualquier situación futura donde se tendrá opción para tener dinero.

Cada egreso de dinero debe ser un beneficio propio

Primero que todo tengamos en cuenta que el dinero tiene tres funciones importantes en nuestra vida: es un medio de intercambio, una reserva de valor y n patrón de valor. Tras esto se encuentran las funciones de tener o de representar un valor, actualmente todos tienen la costumbre de manejar dinero y es algo muy habitual, tenerlo o no. Por tanto, cuando se haga uso del dinero se debe saber que este tiene que manejarse para que sea en beneficio propio.

Si se usa como medio de intercambio, en primer lugar es usado para adquirir cosas, el trueque es una manera antigua de comprar, se daban diez cabras por una vivienda, por ejemplo. Los trueques en ocasiones no son prácticos ya que el usuario puede conseguir algo distinto a lo que estaba buscando.

El dinero es más práctico porque es un valor, una vivienda tiene un costo de X cantidad y se entrega el dinero para pagarlo. El valor del dinero no es tener dinero como tal, sino saber darle uso y recobrar valor.

Porque el dinero también es una reserva de valor, cuando se decide usar y guardar otra parte para el futuro, se puede usar para otros proyectos. El valor se conserva siempre y cuando no haya fluctuaciones que lo reduzcan en valor. El dinero se puede invertir para mantenerlo con el alto valor, pudiendo obtener intereses y de esta manera aumentar el valor que ya tienen. Es lo que se denomina interés compuesto, el dinero es líquido, se usa como dinero siempre, otros activos parecidos al dinero por lo general se pueden volver también dinero rápidamente y con poco costo.

El patrón de valor es cuando se habla en términos de la cantidad de dinero que cuesta determinado bien u objeto. El dinero tiene que representar el valor a fin de que se logre recuperar, el dinero tiene valor intrínseco como en el caso de las monedas de oro o la plata. El dinero representa también otros objetos de valor, hoy en día hay facturas que representan dinero de acuerdo al valor que estas tengan.

Como se puede ver, el dinero sirve para muchas cosas y el usuario puede hacerlo convertir en bienes inteligentes o no. El dinero hace que las sociedades marchen, hay que buscar ganarlo de manera honrada de acuerdo a las leyes del país y la moralidad de cada uno. El dinero debe ser usado en metas nobles, y también debe ser usado con inteligencia para multiplicarlo en valor para el consumo propio.

Empezar los proyectos ahora

Empezar con un proyecto personal es un asunto que tiene mucho glamour, retos y alegría, porque representa parte de un sueño anhelado. En realidad, requiere de una gran cantidad de trabajo y mucho compromiso.

Hay muchas maneras de empezar. Se puede hacer con una empresa que empiece desde cero, comprar una que esté operativa y generando ganancias, modificar una existente para multiplicar sus ingresos, tener una franquicia de confianza o encargarse de un negocio familiar.

Cada negocio o cada proyecto que se comience tiene una serie de características que se deben considerar, estos son unos consejos a tener en cuenta para comenzar hoy un proyecto que genere rentabilidad.

Consolidar la idea o el producto

Cuando se tiene una buena idea que se cree que se puede monetizar llega el momento de ir un paso más allá, se pueden tomar apuntes, escribirlos y empezar a hacer realidad esa meta.

Hay que ponerlas por escrito para comenzar a ajustar todo lo que vaya surgiendo en el desarrollo.

Previo al inicio de todo proyecto se requiere un análisis de mercado

Esta es una etapa de investigación es donde se determina si existe una necesidad y que este proyecto sea la solución.

Es una etapa que involucra un análisis competitivo para poder identificar los competidores y conocer lo que hacen para diferencias el producto o el servicio.

Hay que identificar el potencial de clientes, los perfiles a los que se quiere llegar, por ejemplo el nicho es para profesionales sin hijos, entre 30 y 40 años que les guste comer comida china y que vivan en determinado lugar.

El nombre del negocio

Llega el momento de elegir un nombre para el negocio esta puede ser una decisión compleja. El nombre ideal le da distinción al negocio. Se pueden buscar una serie de nombres y luego se empiezan a analizar.

Los nombres deben tener propiedad, firmeza y que den un mensaje. Deben deletrearse fácilmente y también se deben recordar, puede ser un nombre pegajoso que se quede en el colectivo.

Además del nombre se debe trabajar la estructura legal de la empresa, si es una sociedad anónima, una srl, una corp, una LLC o la que sea que rigen en el país donde se esté. En cada país se rigen distinto y una destacan más que otras.

El plan de negocios es importante

Los planes de negocios se deben hacer para ayudar a identificar las situaciones donde toque hacer correctivos. Hay que diseñar alternativas previo a lanzar los negocios, usar planes para delinear programas y establecer los hitos o acontecimientos importantes.

Un plan integral señala cuando el emprendimiento tiene potencial para dar dinero. Los componentes claves son tener un resumen ejecutivo, una tabla de contenidos, descripciones de los productos o servicios, análisis de mercado, marketing, operaciones, planes financieros, todo lo que se considere importante para poder lanzar el negocio con éxito.

Contar con una estructura de soporte

Cuando se inicia un negocio se deben enfrentar nuevas experiencias, hay que tener una lista con las personas que pueden ofrecer un apoyo, estos son los amigos, la familia, personas que pueden hacer realidad esa idea.

Hay que identificar recursos y organizaciones que se dediquen a empresas en el área, esto puede ser de gran utilidad para generar contactos nuevos o para tener más orientación.

Hay muchos centros de gestión donde se puede conseguir más experiencia para dar marcha a esos proyectos.

Contar con los fondos necesarios

Tener fondos para iniciar un negocio es todo un reto, los bancos pueden mostrarse receptivos siempre y cuando se les muestre una garantía que les asegure conseguir el dinero de vuelta con intereses.

Hay casos donde se puede recurrir a otra persona o se pueden usar las tarjetas de crédito, esto puede representar tener más cuidado en su uso y siempre cuidando que la tasa de interés de ella sea baja.

Ser emprendedor es un proceso de aprendizaje donde el mayor consejo que se puede dar es que se empiece ahora. Los emprendedores viven experiencias que le dejan enseñanzas, en ocasiones requieren de varios intentos para hacer el negocio que ellos desean.

¿Cómo realmente viven los ricos?

Cuando una persona piensa en riqueza lo que viene a su mente es una gran suma de dinero en la cuenta y vivir con confort. La riqueza es más que eso. Tiene un significado profundo e incluye riqueza personal, riqueza en las relaciones personales y riqueza con el entorno.

No solo se habla de gente rica porque tiene muchos ceros en la cuenta bancaria, tampoco porque vive cómoda en grandes casas o tiene los mejores autos. Los ricos buscan cómo multiplicar lo que tienen y tratan de incomodarse para llegar a nuevos límites.

Estas son unas características que tienen los ricos y que se debe tener en cuenta a la hora de buscar tener riqueza personal:

Un rico ama lo que hace

Para tener ganas de pararse cada mañana, lleno de energía y salir a emprender la vida, los ricos aman lo que hacen, una persona que no tiene tanto dinero sale motivado cada mañana porque debe conseguir liquidez para cubrir sus necesidades, los ricos salen porque en realidad aman lo que tienen y hacen. Pararse es una gran alegría ya que hacen lo que les apasiona.

Ser rico es tener clase

Cuando se va a hacer cualquier tipo de tarea lo mejor es que se haga excelentemente, se debe ir más allá de solo cumplir con ese deber. Hay que hacer lo que se pide, prometer de forma normal y cumplir con toda la gloria, tener clase no es solo actuar, es dar lo mejor de sí mismo cada vez.

Ser rico es tener actitud de ganador

Para ser rico se tiene que tener una actitud de ganador, este tipo de actitud es la que permite contar con lograr lo que se busca, una persona con carácter se conforma con las buenas actitudes que tendrá a mano la manera de conseguir soluciones y no problemas, esto refleja la actitud en la manera de hablar y de actuar con los demás. Un ganador ve oportunidades en todos lados.

Una persona rica va más allá de lo esperado

Los ricos son expertos en ir más allá de lo esperado, cuentan con expectativas que son superadas considerablemente. Ellos por lo general dan lo mejor de sí mismos y superan las expectativas, esto exige trabajo duro y mucha dedicación, lo cual dan predisposición para lograr tener mucha abundancia.

Los ricos saben usar el tiempo

Los ricos y todos los demás cuentan con la misma cantidad de tiempo, los ricos no tienen más tiempo que los otros ¿qué hacen los ricos para poder aprovechar mejor el tiempo? Es la gran pregunta, la respuesta que se saben usar cada segundo de su tiempo, las personas invierten el día en actividades que se alinean con sus sueños y metas.

Los ricos toman iniciativas

Por lo general un rico no espera a que le hagan preguntas, ellos preguntan, dan opiniones y responden, las cosas siempre están disponibles para las personas que no esperan. En este mundo hay tres tipos de personas:

- Los que hacen que sucedan las cosas.

- Quienes esperan a que las cosas pasen.

- Los que se preguntan qué pasó.

Los ricos son los del primer tipo.

Los ricos tienen mucho entusiasmo

Cuando se tiene entusiasmo se hace la diferencia, en ocasiones puede que parezca que los ricos exceden las pasiones, porque tienen mucha pasión y lo comunican a todos lados y lo hacen porque es la parte de su vida eso corre por su sangre, a muchos no les importaría hablar un día entero sobre lo que hace, porque cuando se ama y se vive de ello es todo un placer.

Los ricos son diligentes

Ser diligente es estar atento de manera consciente de todo lo que hay que hacer. En ocasiones se deja que la vida funcione en piloto automático y se olvida por momento que se tienen deberes alineados en base a los sueños y las metas. Sueños que resultan ser olvidados y nunca se llegan a ellos. Esto marca la diferencia entre quienes son realmente ricos y quienes aún buscan comprender este concepto. Los ricos persiguen sus sueños con diligencia.

Los ricos cuentan con autodisciplina

La autodisciplina es una habilidad para poder tomar acciones, sin importar el estado emocional que se tenga. Esto permite que se actúe sin importar si se tiene o no motivación. Es mucho lo que se podría lograr si se pudiera seguir con las mejores intenciones sin importar la situación.

Cuando se cuenta con buena intención y deseo, el plan o el camino a seguir marca una gran diferencia, el éxito llega gracias al fruto de ser persistente y si no se para, entonces se logra la abundancia en un tiempo corto.

Una persona rica es asertiva

Una persona que es rica no se conforma con lo que le dicen, ellos cuestionan, tienen el poder de transmitir todo y defienden sus propias ideas y conceptos. Ser asertivo tiene que ver con establecer puntos de vista y opiniones siendo equilibrados emocionalmente en lo que respecta a enfrentar al mundo.

Un rico trabaja en equipo

Hay un término interesante llamado sinergia, es la que dice que no siempre uno más uno es dos. Cuando se unen personas para trabajar por un sueño en muchas ocasiones el resultado final son los esfuerzos unidos. Esto es mejor al esfuerzo individual de dos personas en una misma área. Cuando se trabaja en equipo se cumple uno de los pilares de la generación de abundancia. Luego se requiere de apoyo y se tiene que ser capaz de forjar relaciones con otros para poderlo lograr.

Los ricos toman riesgos

Las personas que no son ricas se aterran por los riesgos, las personas que son realmente valientes toman riesgos como alimento diario.

La verdad es que tomar riesgos no acaba con una persona, especialmente cuando son trabajos en equipo. Un rico pone un dinero para una estrategia que ya tiene planificada. Muchas veces invierten dinero sin saber si lo que hacen les va a dar resultados. Al menos lo intentan, muchas veces tienen éxito y otras tienen experiencias. Un rico es valiente y sabe asumir retos, está dispuesto siempre a poner capital para ganar.

Un rico es competitivo

Ser competitivo es parte de ser un jugador en la vida. Los ricos lo saben y ellos lo hacen porque quieren ganar dinero. Uno de los mejores sentimientos que existen es el de ser competitivo. Sirve para formar un buen sentimiento de actividad. Hay que ser competitivo en todo lo que se hace, cuando se rodea con otras personas se debe dar lo mejor e impulsar a quienes quieran serlo. Competir consigue que se gane.

Los ricos son organizados

Más que controlar, es ordenar, la riqueza se refiere a los sistemas. No es necesario hablar de los sistemas, empresas de cualquier ramo, se trata de un sistema de generación de dinero o producir valores para la sociedad. Los ricos cuentan con organizaciones para crear, mantener y mejorar los sistemas. Se debe ser ordenado en muchos ámbitos de la vida, no solo con dinero.

Los ricos son respetuosos

Cuando se tiene un negocio propio se hace necesario tratar con otras personas. Especialmente cuando se es dueño de una empresa. Los clientes son el activo más grande que existe y por lo tanto un trato respetuoso con ellos y hacia las personas de la cadena de riqueza garantiza que se tenga estabilidad y se pueda mantener una relación saludable con las personas. El respeto es la llave para tener buena relación con otros.

Los ricos comunican

Los ricos tienen una herramienta poderosa que es la comunicación. Son personas que no permiten ser intimidados ni carecen de asertividad. Ellos comunican al mundo lo que quieren conseguir. Viven felices y sienten orgullo cuando ven as otros emprender sus negocios. Los ricos sienten alegría cuando comunican a otros a lo que se dedican y el valor que tienen para aportar.

No hay temor en promocionar lo que tienen, son confiados y así lo hacen saber al mundo. La comunicación la usan para lograr relaciones asertivas y de alto valor.

Los ricos sienten ilusión por el futuro

Para ellos cada día es una oportunidad para seguir adelante. Cada acción es una oportunidad para tener un mejor mañana. Ellos aprovechan su vida al máximo. Se imaginan cada parte de su mañana, hacen planes hoy para que mañana sea materializado de diversas maneras.

Hay muchas oportunidades y herramientas para actuar. Esto provee de muchas herramientas para lograr lo que se quiera tener. Se fantasea con el plan de tener una gran vida. Por eso es que cada día se esfuerzan por mejorar.

Los ricos adecuan el entorno para tener éxito

Los pequeños cambios en el entorno pueden hacer que todo sea diferente, ellos visten bien, tienen buena presencia, un aseo personal exquisito, tiene un aspecto que demuestra que quieren ser personas de éxito.

Tener una buena presencia es indispensable para poder mostrarse en el emprendimiento con imagen de ganador. Es una forma de sintonizarse con la abundancia y el éxito financiero.

El rico escucha y aprende

Los ricos saben que tienen muchas cosas por aprender cada día les deja una enseñanza. Los sabios generalizan esta filosofía de vida, saben que no pueden saberlo todo. Se comprometen a tomar lecciones de estos aprendizajes, en ocasiones lo que hacen otros no tiene el mismo éxito en sí mismo, lo prueban, toman la experiencia y siguen. En ocasiones les funciona y lo perfeccionan.

La idea es que están abiertos a aprender.

Los ricos se comprometen con el cambio

La única constancia en la actualidad es el cambio. Cuando se está en el mundo este cambia a diario. El mundo se mueve a una velocidad abrumadora. Cada experiencia y cada cosa que sucede es algo único y distinto. Adquieren conocimientos y se adaptan, lo hacen investigando, preguntando, cada día para ellos tiene que dejarles algo valioso.

Los ricos sonríen mucho

La razón por la que sonríen mucho es porque gozan de abundancia. No hay que olvidar que la riqueza empieza desde el fondo del pecho. Se transmite hacia afuera y llama la riqueza. Hay que aprender a sonreír siempre. Más de lo habitual, hay muchas razones para hacerlo, solo basta con mirar lo que se tiene alrededor y ya ahí nacen los motivos para sonreír.

Los ricos no tienen escepticismo

Los ricos no andan con escepticismos por lo que tiene alrededor. Ellos saben que tratan con los demás y son transacciones que se dan sin problema, no viven llenos de miedos por lo que pueda o no pueda darse.

Los ricos confían más

Esto es algo curioso, es así, los ricos confían más en los otros. Ellos tienen la tendencia a creer que los demás merecen oportunidades y las dan, permitiendo que cada persona se prueba a sí misma.

Los ricos no andan buscando problemas

Los ricos buscan soluciones todo el tiempo, ellos se alejan de los problemas. No culpan a los demás si las cosas salen distintas a como tenían planeado que salieran. Crean listas de razones para sentirse cómodos y felices, la palabra excusa no tiene espacio en sus lenguajes.

Los ricos quieren triunfar

Estas personas entienden que cada cosa sucede por una razón, no importa el resultado, así que cada experiencia que tienen hacen que vivan grandes situaciones, asumen experiencias, responsabilidades y son felices con sus victorias y con sus conocimientos nuevos.

Los ricos dicen "nosotros"

Un rico habla en nombre del equipo todo el tiempo, incluso si de lo que habla no pertenece a él, así este sea solo un empleado, porque el ser rico no es tener millones en la cuenta, es algo que va más allá, tener mentalidad de rico es comprometerse con las situaciones.

La riqueza aparece cuando se invierte en lo que realmente se cree.

El rico hace su propio camino

Los ricos forjan el camino que quieren transitar, ellos ignoran caminos hechos porque a otros les parece seductor, tienen la capacidad de analizar que ese camino en realidad es una opción ajena a sus objetivos. El rico prefiere pagar más por algo que le dará calidad. No solo buscan el mejor precio, sino que los productos sirven para lograr propósitos reales.

Los ricos saben que el dinero importa más que el dinero

Ellos nunca cambian los minutos por poco dinero, para ellos todo es una experiencia, y lo hacen sin alterar sus vidas. Sus carreras se enfocan en hacer lo que aman y en ayudar a otros. No sacrifican, sino que buscan crear, ser sublimes. Cada movimiento es una inversión.

Un rico no imita, crea

Una persona rica aprovecha cada oportunidad para crear algo que no está actualmente en el mundo. Para ellos imitar no está en su genética, ellos ven con detalle esas oportunidades y se atreven a pensar fuera del convencionalismo, saben exigirse y son innovadores.

Los ricos agradecen por lo que tienen

Un rico sabe reconocer los privilegios que tienen y no los dan por hechos, con esta apreciación pueden ponerse en marcha para generar más riqueza. Cada día dan gracias por cada pequeño logro que obtienen.

Los ricos buscan consejos de alto valor

Un rico es rico porque ha aprendido a buscar consejos de grandes expertos, además han desarrollado el criterio para pensar por sí mismo y tener la respuesta antes de consultarla incluso con otros. Cuando necesitan asesoría para resolver alguna situación, le piden consejo a otros que sean expertos en la materia esas personas dan sugerencias y es el propio rico quien decide el paso final.

Los ricos tienen librerías más grandes que sus televisores

Los ricos saben que el televisor es solo para informarse puntualmente ellos no andan pegados del televisor, el tiempo libre lo invierten de maneras más productivas.

Ellos tienen librerías grandes que usan para educarse y alcanzar la riqueza. Su conocimiento le beneficia a él y a los demás, en vez de perderse en actividades frugales, pasan el tiempo tratando de adquirir conocimientos para sí mismos y para inundar el mundo que tienen alrededor.

Crear diversas fuentes de ingresos

Hay un dicho que dice que se deben tener varias canastas de huevos para asegurar los ingresos, que no hay que confiarse en que se ponga todo en una sola canasta. Este apartado trata sobre cómo crear diversas fuentes de ingreso.

Comenzar por un ingreso

Hay que empezar con una sola fuente, no hay que dividir la atención entre diversas ideas al mismo tiempo, hasta que se tenga al menos algo de dinero pasivo entrando. El enfoque siempre hay que tenerlo claro, para que las ideas sean claras y se obtenga la ganancia desde ese primer ingreso, ahorrar, administrarlo correctamente y hacer todo lo necesario para que el ingreso pase a más ingresos.

Establecer metas

Hay que establecer metas, sea que estas se hagan en ingresos o en tiempo, se pueden poner 500 dólares o tres meses, es algo fenomenal. Hay que trabajar la meta y luego evaluar ya sea que se siga con ella o se cambie el enfoque a otra idea.

Hay que diversificar en ideas distintas con otras fuentes de ingresos

Una manera en la que se le pueden poner muchas fuentes de ingreso es que se tome la idea principal y se diversifique en otras fuentes de ingresos. Por ejemplo, se puede tener in sitio web que comience a ser exitoso y se generan ingresos por medio de publicidad o programas de afiliados, esto es otra fuente de ingreso

También se puede tener un libro o una guía Premium que profundice más un tema. Ambos productos ayudan a complementar lo que se quiere alcanzar y a tener varias formas de ingreso.

Los productos existentes se pueden diversificar

Si se tiene un libro que se está vendiendo bien, se puede ampliar y vender otro producto, cuando se tiene una mina de oro hay que seguir cavando en ella. No hay que modificar mucho los ingresos pasivos a menos que se quiera trabajar en otro campo.

Vender los secretos

Cuando se es exitoso generando ingresos pasivos debes considerar venderlos, esto es una forma sencilla de hacer dinero. Se puede considerar un producto de VIP diciendo por ejemplo un secreto sobre cómo se hizo dinero, ser mentor, o si se es exitoso hablar en público.

En conclusión, los beneficios de tener muchas fuentes de ingreso ayudan a tener una independencia que se viene desde diferentes frentes, garantizando que se obtengan muchos ingresos pasivos. Siempre se puede comenzar otro espacio de ingresos pasivos, en el mundo hay muchas opciones para poner a trabajar el dinero y a hacerlo crecer son una atención apenas superficial.

Capítulo 5: ¿Cómo aprovechar los recursos que se tienen?

Cada uno de nosotros contamos con una serie de recursos que si los sabemos aprovechar nos servirán para poder crecer en nuestro emprendimiento y acercarnos a la libertad financiera.

Dentro de ellos está el aprender a darle un buen uso al tiempo. Aprovechando cada día para producir lo mejor. Cada mañana tenemos una cantidad limitada de energía que podemos aprovechar para producir, especialmente en las mañanas, donde se hacen las tareas con más rendimiento.

Si ya se es un emprendedor se cuenta con ayudar a que el potencial humano dé más en nosotros y poder aprovechar esa fuerza laboral para crecer como emprendedores.

Los recursos existentes pueden llenarse de adrenalina y ayudar a crecer nuestro patrimonio, en este capítulo abordamos las formas de hacerlo.

Cómo usar el tiempo de manera inteligente

Dicen que el tiempo es oro, especialmente cuando se habla de hacer gestiones en la empresa, desde si se comienza a sacar un sitio web o se abre una tienda en un local fuera de la internet.

La gestión del tiempo se basa en hacer un uso inteligente de este, para eso es necesario tener planificación, y trabajo duro, también paciencia, disciplina y motivación para empezar. Solo hay que tener la motivación para empezar, estos son algunos consejos para aprovechar mejor el tiempo:

Diseño de objetivos claros

Cuando se crea un plan de negocios se recomienda que se tengan en cuenta un par de aspectos que son claves, el primero es que se diseñe una línea de tiempo y se coloquen objetivos, la línea de tiempo dará la idea de lo que se va a invertir en lograr eso que se quiere. El hecho de establecer objetivos permite que se concentre en trabajar para lograr ese deseo. Las dos acciones hacen que se sea más productivo y permite plantificar el tiempo de manera eficaz.

Hay que pensar en los objetivos a largo plazo, en el organigrama a corto plazo, se puede dedicar media hora cada día para repasar las tareas pendientes, se puede poner a prueba para hacer las tareas que requieran más esfuerzo para así luego dedicarse a las más simples.

Crear rutinas

Es como cuando se hace ejercicio cada semana, entre más se ponga la rutina más fácil será hacer el ejercicio y más fácil será ponerle nuevos retos para estar en mejor forma.

Hay que crear rutinas funcionales y que se puedan cumplir con responsabilidad, no importa si se es alguien que trabaje por las mañanas o por las noches. Hay que armarse de tareas que se puedan cumplir, que permitan ser más productivo y que se pueda mantener por toda la semana, se ha comprobado que el cuerpo responde naturalmente a la conducta repetitiva, en poco tiempo se ven resultados.

Hay que evitar las distracciones

La vida tiene muchos elementos que desenfocan a otros entretenimientos. El programa favorito, la mascota, los mensajes en la computadora o el móvil, todo esto puede ser controlado por medio de la planificación.

El consejo es que se debe convencer de que el tiempo programado en el plan se debe dedicar totalmente a hacer ese trabajo hay que cerrar pestañas de internet, poner todo para que el enfoque sea total en la tarea que se hace.

Algunas personas aman oír música mientras trabajan y otras prefieren el silencio, la clave es hallar dentro de las circunstancias que se tengan un lugar para estar totalmente tranquilo y enfocado en lo que se quiere conseguir.

Se debe dejar un margen de tiempo entre las tareas

Con esto se refiere a hacer más efectivo el trabajo, contrario a hacerse una máquina de trabajar, lo cual sería increíble, el ser humano funciona distinto.

El cerebro humano se puede concentrar por 90 minutos así que es vital darle al cuerpo y a la mente un descanso cada que pase este tiempo. Es igual de importante para la productividad, se puede hacer un estiramiento de piernas cada veinte minutos, comerse algo ligero, darle un cariño al gato. Cualquier cosa. La idea es que se tome un tiempo para sí mismo, para poder mejorar la concentración y seguir en la acción. Si se relaja se rinde más, se identifican las señales y el descanso ayuda a que se saque más trabajo.

Hay que valorar las horas de sueño

El sueño es importante para todos. Se necesitan por lo menos ocho horas de sueño cada día. De este modo el cuerpo y la mente se regeneran y pueden funcionar mejor. Investigadores de la Escuela de Medicina de la Universidad de Pensilvania dicen que las personas que duermen bien son más saludables y productivas y no sufren de tanto estrés.

Cuando se trabaja el cerebro acumula mucha información que recoge durante todo el día, cuando duerme el cerebro cambia al modo de procesamiento, toma la información recopilada y la organiza de manera que le halle sentido. La mente conoce la importancia que tiene ser organizado. Hay que escuchar al cuerpo y respetar la cantidad de horas que se duerme. De este modo la productividad será mejor y la calidad superior.

Mantenerse saludable

A la gente le gusta comer pizza, o hamburguesas, todos se dan esos placeres, es un derecho, hay que considerar que comer sano es una mejor opción. Aunque se pueden comer alimentos de este tipo, se debe controlar la cantidad, cuando se hace frecuentemente la salud es distinta a cuando se come saludable, verduras, frutas, alimentos que enriquezcan el cuerpo. Esto es importante para el bienestar.

Comer mucha azúcar o sal puede alejar de los objetivos que se tienen, el comer bocadillos no da la misma energía que un alimento rico en nutrientes.

Hay que llevar una dieta saludable con alimentos como nueces, frutas, verduras granolas, la dieta se puede combinar con ejercicio físico, yoga, Pilates, cada día por 45 minutos ayuda a que el cuerpo se sienta energizado y feliz, sin olvidar que se duerme mejor.

Se pueden dar baños de sol para poder llenarse de vitamina D y el agua hay que consumirla a diario.

Pedir sugerencias y opiniones

En ocasiones se debe pedir consejo a otros para que ayuden a que lo que se hace fluya mejor. Es un momento perfecto para pensar, cuando se centra mucho tiempo en ideas o en tareas del o que se está haciendo se puede gastar más tiempo que si no se hiciera así.

Los cercanos pueden echar una mano para opinar o dar consejos constructivos que lleven al camino correcto.

Aplicar esos consejos sirve para trabajar con éxito y tener distintas perspectivas de los trabajos que se hacen cada día. Parte de ser un emprendedor exitoso es tener los oídos atentos a los consejos y lo que se tenga en el entorno.

Darle la bienvenida al orden

Desde niños nos fue inculcado el orden, nuestra madre nos pedía ordenar el cuarto y desde entonces aprendimos a ser organizados. El orden es una lección de vida. Sea que se lleven bloc de notas, o usemos computadores para organizarlo.

Hay que tener todo ordenado, legible, el tiempo que se ahorra teniendo todo a mano es inmenso. Se puede desechar lo que no es útil, se puede limpiar la taza del café el escritorio, tener carpetas y el mayor orden posible, así todo fluye mejor.

Aprender a vivir en todos los escenarios

Todos quieren alcanzar el éxito en la vida. Quieren que cada paso que den tenga lo que se propusieron previamente. Para ello es necesario meterse en el trabajo y en su desarrollo aceptar cada una de las circunstancias que se enfrenten.

Entre más pronto se meta en el trabajo, más rápido se sabe el resultado. En ocasiones los resultados son distintos a los esperados, esto es parte de los procesos de aprendizaje. Da la oportunidad de aprender de los éxitos y procura tener experiencia para cuando las cosas son de otro modo.

En los negocios hay que aprender a confrontar diversas situaciones y arrancar de nuevo si es necesario.

La importancia de las prioridades

Un método para mantenerse enfocado es que se establezcan prioridades y saber darle jerarquía a las tareas que se hacen. Se puede empezar haciendo las tareas pendientes por hacer. Se hace una lista y se mejora paso a paso. Se ven los objetivos, y se determina lo que tiene que hacerse importante y urgente. De este modo se define el compromiso por hacer y se le da la prioridad, ya cuando se haga se pasa a tareas más pequeñas hasta cumplir con todas las pendientes en el día.

Delegar

Se debe aprender a delegar, hay que elegir a la persona correcta para cederle la opción a que haga la tarea que tiene pendiente hacer. Cada líder debe aprender a que otros también pueden hacer tareas, aunque se sea experto en muchas cosas, si se delegan aumenta la rapidez e incluso pueden salir mejor. Ya que es una persona que se dedica exclusivamente a esa tarea.

Por eso es importante el saber delegar, esto reduce el exceso de trabajo y permite que se disfrute más la experiencia de trabajar y que aumente la producción.

Aprender a tener límites

Como líderes a veces se quiere cubrir todo lo que se tiene a la mano, parte de ser un emprendedor requiere de filtros para mantener la calidad. En ocasiones se tiene que delegar el trabajo a otros o simplemente permitir que una tercera persona ajena a nosotros asuma ese proyecto, con eso se evita caer en el refrán de cocinar dos conejos a la vez.

Hay trabajos que requieren de concentración total, cuando como emprendedor se tiene el enfoque en varios proyectos, lo mejor es seguir con los que se tienen y mantener la buena calidad.

Aprovechar la energía diaria

Cada mañana nos levantamos llenos de energía, frescos como lechuga para dar el todo por el todo en el día. A medida que pasan las horas el cuerpo va sintiendo el trabajo. Es parte del proceso. Al final, en la noche llega el sueño y toca descansar.

Aprovechar la energía diaria es elemental para gozar de una buena salud y además para ser muy productivo.

Estos son algunos consejos a tener en cuenta cuando se trata de aprovechar la energía diaria:

Apagar la luz unos minutos antes de acostarse

El proceso comienza desde la noche antes, tener energía exige un buen descanso. Los bebés de pocos meses se quedan dormidos cuando se les baja la intensidad de la luz, es parte de nuestra naturaleza. Como adultos podemos apagar la luz y tener lejos los aparatos como teléfonos y tabletas. Así le decimos al cerebro que va siendo hora de dormir.

A esa hora podemos meditar un poco, relajarnos, hacer ejercicios de respiración, todo lo que implique bajar la actividad física, de esta manera nos relajamos totalmente y entramos al sueño de manera deliciosa.

Colocar cortinas gruesas en las ventanas

Hay que poner cortinas gruesas en las ventanas para que la luz no penetre en la noche. La gente duerme bien en los hoteles porque se relaja y la luz que entra es mínima o totalmente ausente. Cuando se impide la entrada de luz el cerebro primitivo siente que regresó a la caverna y así duerme mejor. Si no se quieren poner cortinas un antifaz es una buena opción.

Eliminar las redes sociales

Se debe controlar el uso de redes sociales en la cama, porque en esto se pueden invertir muchas horas que son valiosas para descansar y amanecer renovado.

Igual aplica en las mañanas, se debe emplear el tiempo en cosas productivas, que no coinciden con mantenerse viendo las redes sociales.

Activar el cuerpo cada mañana

Cada mañana hay que procurar que el cuerpo se mueva lo mejor posible, se puede tomar una ducha, caminar un poco o trotar, hacer yoga, ejercicios aeróbicos, sesiones de relaciones sexuales, lo que sea, la mañana debe activar el cuerpo para ponerse a trabajar.

Hay que levantarse con la actitud con la que se acuesta

La mente es una herramienta que se programa, aprende hábitos y se puede trabajar la salud emocional con la que se va a dormir. La idea es levantarse al día siguiente con ella.

Si se toman medidas especiales antes de dormir entonces al día siguiente se levanta con esa misma buena vibra. De acuerdo a cómo se quiera levantar cada mañana se puede acostar cada noche, de este modo cada amanecer será positivo y lleno de energía para comerse el mundo.

Cada noche hay que pensar en que mañana será un día maravilloso con estas o aquellas experiencias por explorar. Así cada amanecer será distinto.

Dependiendo de la hora en la que se levante, siguiendo el propio ciclo circadiano, se puede calcular el momento del día para tomarse la taza de café que terminará de activar el organismo.

Uso inteligente del dinero

Las finanzas personales y el uso del dinero son un tema especial de tratar. Hay que aprender a hacer un uso inteligente del dinero, gastando menos y ahorrando más, esto dará la tranquilidad necesaria para tener una vida estable y mejorar las finanzas.

Aunque las entidades financieras están ligadas a dar consejos sobre cómo realizar una buena práctica con los ingresos, siempre hay que saber otras opciones para mejorar el movimiento del dinero personal.

Hay muchos autores que han hablado del tema, ellos pueden ser de ayuda, el saber la manera en la que se puede ahorrar, invertir el dinero, aprovechar las ofertas, todo esto es bueno para mejorar el movimiento de dinero.

Hay una serie de consejos que se pueden aplicar para poder trabajar en alcanzar la libertad financiera y prosperar por medio del ejercicio de la actividad económica:

- El patrimonio neto es más importante que la cantidad de dinero que se obtiene. Hay muchísimas personas que han ido descubriendo esto. Tener un gran salario no es sinónimo de ser rico, lo que hace rico es saber ahorrar dinero de ese salario.

- Hay que invertir en lo que se necesita realmente, esto es más importante que invertir, es un consejo sencillo, muchas personas también ya lo aplican, esto dará margen de seguridad y un ahorro en la vida.

- Se deben controlar los movimientos en las tarjetas de crédito, es una manera de poder mantener a salvo el patrimonio.

- Dentro de los movimientos mensuales uno que es considerable es el de la hipoteca, el auto, los préstamos, contar con buen puntaje de crédito ayuda a que se reduzcan los intereses, se deben usar tarjetas y pagar siempre a tiempo.

- Hay que vivir por debajo del ingreso total, es la mejor forma de salir adelante, manteniendo el poder de las ganancias y ahorrando así sea una pequeña suma.

- Hay que revisar en qué se usa el dinero cada mes. Comprender los hábitos y controlar las finanzas, usar el dinero es importante, más importante es usarlo en cosas útiles para cada uno.

- Hay que automatizar todo, es la mejor manera de ahorrar, hay que evitar cargos y mantener a raya los movimientos, es parte de la vida sana de las finanzas.

- Se debe comprar una buena cantidad de productos de primera necesidad que estén en oferta. Se debe pagar en el menor tiempo posible, es algo que recomiendan los grandes expertos en finanzas.

- Hay que abrir cuentas de ahorro y usar el dinero para situaciones inesperadas, se debe tener dinero para cosas que no están previstas y no tocar esa cuenta nunca.

- Hay que adquirir seguros para cubrir las finanzas, solo hay que recordar proteger las riquezas y construirlas.

- Hay que ahorrar para la jubilación, de lo que quede mensual se debe dejar un porcentaje para ese momento en el que nos jubilemos.

- Se debe ahorrar un poco más cada año, el truco es aumentar las tasas de ahorro cada vez que se obtenga un aumento o un dinero adicional, evitar los estilos de vida llenos de lujos porque esto puede ser difícil de llevar, lo mejor es controlar la riqueza.

- Se debe elegir sabiamente a los amigos, en ocasiones estos pueden incluso traernos más riqueza a nuestras arcas.

- Se debe hablar de dinero, si a diario colocamos el tema del dinero en la mesa, este se atraerá, se puede hablar con la pareja sobre dinero, puede pedirse ayuda a otros, el dinero hay que manejarlo y tenerlo como tema para que se mantenga presente siempre.

- Lo material da tranquilidad, la felicidad se halla más allá del dinero, es algo que hay que tener presente.

- Hay que leer libros sobre finanzas personales, si no son de agrado entonces hay que ojearlos y tomar consejos de cada uno de ellos para mantener control de los movimientos personales de dinero.

- Hay que saber dónde se está parado. Conocer el patrimonio neto, los activos, saber a dónde se quiere ir y dónde se está.

- Los impuestos importan, todos debemos controlar los impuestos siempre y comprender cómo es que funcionan.

- Hay que ganar más dinero, mejorar la profesión, estudiar, prepararse, incrementar la hoja de vida, abrir la mente a que sí se puede crecer y obtener un mejor empleo, asumir grandes responsabilidades y ganar un buen salario, es totalmente posible.

- No hay que pensar en la jubilación, sino en tener independencia financiera, el objetivo es que se pueda ir hacia el atardecer, llegando al punto donde se puede hacer dinero sin tanta preocupación.

El talento humano (lealtad y compromiso, más que dinero)

Elegir parte del equipo para trabajar exige que se escoja a uno que sea leal, comprometido y que esté a nuestro lado más allá que por el sueldo que ganan.

El talento humano debe estar acompañado con nosotros siempre. Debe contar con destrezas, conocimiento, habilidades y aptitudes apropiadas.

Se necesita de un equipo humano con una curva de aprendizaje ascendente y una capacidad de adaptación optima, no se puede fallar y si se falla hay que actuar con rapidez. Innovar exige que se tenga personal capacitado y también hay que prepararlo y liderarlo, si no se adapta toca elegir equipo que lo haga.

Muchos estudios han detectado que las empresas requieren mejorar el personal que manejan en sus instalaciones. De este modo crecen.

Hay que elegir buenos perfiles que tengan claro lo que van a hacer. Las buenas ideas tienen invitación al fracaso, si no cuentan con talento humano apropiado toca cambiarlo. Las compañías existen para hacer dinero.

Si un equipo tiene competencias que requieren ser mejoradas, toca hacerlo a tiempo. Hay que gestionar el conocimiento, las habilidades y mantenerse en pie en el mundo globalizado sometido a la competencia. No hay que olvidar entonces que el talento humano es un factor determinante.

Algo que hay que atender es que los empleados deben buscarse para que no solo busquen ganarse un cheque, sino que quieran crecer, que les importe el negocio, las personas a las que no les importa un negocio desestimarlas porque son ajenas a nuestros objetivos.

Un empleado que se preocupa y quiere ver crecer la empresa, ayuda a que esta tenga buenas ideas y se impulse, da ganancias, más allá de su labor asignada.

También hay que preocuparse de la motivación, el trabajo en equipo, los valores, hay que ser un empleador como Google. Esto hará que se sea líder en el mercado. Estas son algunas características que se tienen que tener en cuenta a la hora de elegir talento humano, sin importar el sector en el que se trabaje, para todos aplica:

El personal debe tener ganas de crecer

Se debe contar con personal que tenga la capacidad para aprender cuando se requiere, desaprender algún hábito que no combine con el trabajo que hace y que tenga la capacidad de reaprender, este tipo de empleado es el que se puede tener por muchos años a lo largo del tiempo y siempre será un elemento de alto valor.

Saber usar la información

Todo lo que hay disponible, como libros, páginas, revistas, periódicos, videos, sirve para poder aprender y crear valor. Sea que se tenga emprendimientos o un empleo en ese momento, hay que fijarse en empleados con deseos de aprender más.

Empleados que se reinventen

Los tiempos son cambiantes en este mundo que no se queda quiero un momento, toca buscar empleados que se adapten a este tipo de situaciones y se adapten a cada situación que se les presente cada día, esto garantiza contar con personas actualizadas y liderando. Es un equipo elemental para la empresa.

Elegir empleados dispuestos a aprender

Dentro de la sociedad hay personas con ganas de aprender y tienen esa flexibilidad, toca sacarlos con pinza de ese grupo y tomarlos para nosotros así aprovechamos su talento para poder emprender con éxito.

El que se educa a diario no corre el riesgo de quedarse afuera.

El mundo se digitaliza

El mundo cada día es más digital, las personas que trabajen con nosotros deben ser conscientes de estos cambios y adaptarse a lo que implementemos en el negocio.

Hay que actualizarse permanentemente. Cada día la tecnología sorprende.

Una persona hábil sabe manejar lo básico

Las personas que tienen habilidades saben adaptarse. Poseen actitudes, inteligencia emocional, habilidades comunicativas, negocian, logran objetivos, los emprendedores en general son capaces de hacer realidad las ideas y mantenerlas sostenibles.

Controlar las emociones

Hay que aprender a dominar las emociones ante cada experiencia, igual lo tiene que hacer nuestro equipo, debemos contar con elementos que sean capaces de controlar sus emociones y siempre dar lo mejor de sí ante cada situación. Que siempre posean esa capacidad para ser creativos y grandes líderes.

Capítulo 6: ¿Cómo enseñarle educación financiera a la familia?

La educación financiera entra por casa, cuando le enseñamos a nuestros seres queridos la importancia que tiene hacer un uso sabio del dinero y de los negocios, le enseñamos una lección para toda la vida, si son niños, cuando crezcan y salgan al mundo lo harán con la seguridad de llevar un control de su dinero y cobijar una buena fortuna.

Es por eso que este capítulo se dedica a la importancia de enseñarle educación financiera a la familia.

Presupuesto familiar

Lo primero que hay que ver es para qué sirve un presupuesto familiar. Este es un documento que recoge todos los movimientos económicos que se dan en el hogar. Sirven para tener control del dinero que llega y sale. También con este se pueden hacer proyecciones y crear calendarios familiares para hacer las inversiones necesarias cada mes.

Para comprenderlo mejor, es un presupuesto de contabilidad domestica donde se manejan los ingresos y se sabe el destino del dinero. Se puede saber cuáles meses tienen más actividad que otros cuales son los pagos fijos y los variables. Todo para poder ahorrar en los gastos que realmente importen.

La clave es saber que con un buen presupuesto anual se toman decisiones importantes y no basadas en la percepción sobre cómo van las finanzas personales.

Estos son los pasos que se tienen que tener en cuenta para tener un presupuesto personal:

Calcular los ingresos mensuales y anuales

Hay que sumar todo lo que se gana en el mes y en el año, contar solo los ingresos fijos, lo que se sabe que llegan cien por ciento seguro. Se incluyen las fuentes de ingresos, no solo el sueldo. Un ejemplo de cómo poner los ingresos sería así:

Sueldos e ingresos por trabajo: es lo que se cobra en la nómina y que se percibe como freelancer en colaboraciones puntuales o lo que se pueda dedicar y que te pagan en tiempos por trabajar a destajo.

Las inversiones y los impuestos, los dividendos y las ventas de acciones, loa fondos de inversión, en este apartado se deben considerar los ingresos que provengan de ahorros, los que efectivamente llegan a las cuentas y que generan intereses.

Los ingresos pasivos tienen su papel aquí, cuando se tiene un piso alquilado y se recibe una renta mensual, es aquí donde se debe poner, lo mismo aplica cuando se trata de otros pasivos que se generen, si aún no se ha hecho, entonces se tienen que buscar ideas de pasivos.

Cuando se quiera simplificar un presupuesto se deben eliminar los ingresos inmensos y las inversiones e impuestos, también se tienen que tratar las situaciones de mercado y las acciones. De este modo se tiene un buen control de los movimientos de dinero que se tienen.

Cómo calcular los gastos fijos

Se deben tomar todas las medidas para conocer cuáles son los gastos fijos, se ve en la agenda, en el banco, en las facturas, en todo, se debe anotar cada gasto que se tiene, cuando se habla de gastos fijos se refiere a arriendo, servicios, teléfonos, alimentación, seguros, rentas, prestamos. Lo que se deba pagar sin postergación.

Hay que dividir los gastos por categorías, el número de áreas de gasto en la hoja de presupuesto personal depende de cada persona, así tiene un control total de todo el movimiento financiero.

Calcular los gastos variables

Esta es una de las partes interesantes, es también la que lleva más trabajo y se extiende a lo largo del tiempo. Hay que empezar por registrar los gastos variables de cada mes en cada una de las partidas que se hayan hecho.

Se debe considera la gasolina, el transporte, la comida, una cena, una idea al cine, todo. Cada persona sabe cuáles son esos movimientos que debe cubrir y lo montos en cada uno. En este punto se sabe cómo se disecciona esa lista y las compras que se van a hacer y lo que se va a gastar exactamente en cada monto que se tiene.

El cálculo del presupuesto familiar

El otro paso del proceso es simple, tiene que tomar una calculadora para que sumes los ingresos y restes todos los gastos. Con esta operación se tiene un flujo de cada en la economía doméstica y se ve claramente si se gana lo que ingresa y el monto que se tiene cada mes para ahorrar.

Tomar decisiones sobre la economía familiar

Aquí es importante que se tomen medidas para que el presupuesto familiar se maneje con inteligencia, entre todos tienen que tomar decisiones de acuerdo a las necesidades de cada uno.

Cuando ya se tienen los datos para analizar y ver cuáles deben ser editados, hay que dedicar un poco de tiempo en familia a escoger esos presupuestos que se adaptan a las necesidades de cada uno. Estas son unas ideas para lograrlo:

- Ahorrar en energía en el hogar, este es un trabajo de todos.

- Editar la comprar del supermercado para controlar los movimientos y lo que se puede suprimir por no ser tan necesario.

Hay gastos que están dentro de los optativos, algunos se anotan como necesarios varios de ellos en realidad se pueden quitar sin problema.

La idea es hacer un balance para conseguir gastos que realmente cuenten y que llenen de felicidad. A lo mejor se puede editar y no tomar café, aunque se puede seguir disfrutando, también se puede eliminar la Coca Cola y con esto se pueden tomar decisiones basadas en prioridades y en hábitos saludables.

Un buen presupuesto exige que se tomen medidas acertadas de acuerdo a la necesidad de cada hogar. Dando oportunidad a ahorrar y mejorar la calidad de vida.

Ahora que se sabe cómo se puede empezar, solo queda que se eliminen los gastos que se puedan y se tengan los prioritarios.

¿Qué es mejor, un presupuesto mensual o uno anual?

Esta es una duda común que aparece muchas veces, especialmente en los que quieren mejorar en la constancia. El tener un presupuesto exige precisamente eso, constancia. Cuando se anotan gastos se quiere tratar de que ellos funcionen. No hay un presupuesto mejor que el otro. Solo maneras de llevar la contabilidad. Unos se adaptan mejor al estilo de vida que otros.

La ventaja de los presupuestos mensuales es que se tienen más datos para poder trabajar cada mes las necesidades de compras. Se sabe en qué meses se paga más servicio eléctrico, cuándo se gasta en ocio, y se tiene una evolución de los movimientos en la cuenta, así se toman medidas antes de que se descuadre la economía en el hogar.

Cada mes hay que dedicarle un poco más de tiempo a hacer esta plantilla para controlarla por los próximos treinta días.

La ventaja del presupuesto anual es que requiere menos constancia, solo basta sentarse una vez al año a programarlo y se puede dedicar a otras cosas. En este presupuesto anual se escriben los gastos grandes que se deben hacer en el año como una remodelación, la renovación del seguro del coche o un viaje.

Se pueden manejar incluso los dos presupuestos, de este modo se tiene un proyecto más integral.

Consumir responsablemente

Cada vez las personas buscan ser más responsables consumiendo. Han aumentado los intereses por comer de manera responsable. Muchos buscan que su consumo sea sostenible.

Para el que quiera mejorar la manera en la que consume energía y consume en el mundo tiene que tener esto en cuenta:

Actuar en consecuencia de sus valores

No solo basta con quejarse, el consumo es una gran oportunidad para vivir de manera más acorde con las convicciones y tener acciones concretas para activarse con el cambio. Cuando se consume con conciencia se puede tener un mejor entorno.

Reducir el consumo de lo que no se necesite

Cuando se planifica se evitan las compras por impulso, se distingue lo que hace que se tenga menos vulnerabilidad, se controla el bombardeo de publicidad que lleva a que se consuma en demasía. Ayuda entonces a que se ahorre dinero.

Informarse sobre el impacto ambiental de los productos ayuda

Cuando se tiene un control de los productos que se consumen y el impacto que estos tienen en el ambiente se puede tener un mejor control de lo que se quiere. Así se ayuda a cuidar al mundo y también a ahorrar dinero.

Se puede hacer de la alimentación parte de la solución

Se puede procurar reducir el desperdicio de comida, se puede reducir el desperdicio alimenticio, evitar la comida envasada y comprar saludable, incluso al salir se puede ir a pie en vez de en coche. Se pueden elegir productos de temporada, hechos de manera sostenible, se puede limitar el consumo de carne, y preferirla ecológica.

Hay muchas maneras de tener un consumo más amable con el planeta.

Moverse de manera sostenible

Si vas cerca puedes ir a pie o en bici, para distancias medias en el transporte público y en los viajes largos en metro o tren, autobús y en última instancia en coche.

El consumidor puede producir

Se pueden empezar a cultivar los alimentos si se quiere, se pueden sembrar algunos vegetales en casa. De este modo se cuida el planeta y se ahorra dinero, además de que se hace un poco de jardinería.

Tener una ética sostenible

Hay que controlar las compras de productos solo por el deseo de comprarlas. Lo mejor es adquirir productos de segunda mano, intercambiar prendas, donar lo que no se va a usar, darles segunda vida a las cosas, customizar, todo lo que pueda reusarse es un modo de ahorrar y además de colaborar con el planeta.

Aprender a relacionarse emocionalmente con el dinero

El dinero, es tan querido el dinero para muchos, genera toda clase de sentimientos, muchas personas tienen emociones encontradas o se pasan la vida amando al dinero de tal manera que lo siguen y este se aleja, la relación con el dinero debe ser saludable, de amistad.

En los primeros tiempos no había dinero, se salía y se hacían trueques, se buscaba el modo de sobrevivir a su propia suerte, luego se manejaba el intercambio de lo que menos se usaba a lo que sobrara a cambio de algo que fuera de valor.

Lo que sucedía con el trueque era que para poder confluir dos factores en las partes interesadas debía haber un interés de la otra parte por el producto que se iba a cambiar.

A lo mejor se querían gallinas, el vecino no contaba con superávit de gallinas o podía tenerlo y las medias a cambio no le interesaban.

El trueque como concepto está bien, este sistema manejaba algunas situaciones que con el dinero no sucede.

Surge entonces el dinero y se empiezan a cambiar bienes por objetos como metales, conchas y especias. El dinero surgió como garantía de que se había colocado una cantidad de oro en un banco y el trozo de papel habilitaba reclamarlo.

En 1971 bajo el mandado de Nixon el dinero no tiene relación con el oro, todo el dinero que se tiene en el bolsillo no tiene respaldo con el mundo real, salvo la confianza de que el dinero sirve y tiene valor.

El dinero apareció para abrir una gran cantidad de oportunidades y mejoró la vida de las personas, si se tiene un superávit de algo se puede vender a quienes lo deseaban a cambio de dinero y con este dinero comprar lo que se quiera.

Hay reglas para conseguir el dinero. Estas son las reglas que las personas tienen para llevar una relación tranquila y relajada con el dinero y que ayuda a ir bien en la relación con él. Todos pueden tener relaciones saludables con el dinero.

El dinero es importante, hay que aceptarlo

Hay que comprenderlo de una vez, en este siglo el dinero es muy importante en la vida. Es por esa razón que la gente se pasa la vida persiguiéndolo, trabajando con esfuerzo para ganarlo. Se le dedica la mitad de la vida consciente a obtenerlo, se puede decir que es a lo que más se le dedica tiempo, a tenerlo.

Cuando se le deja de dar importancia este se va alejando porque él requiere atención, mimos, amor. Sí no se persigue este se aleja, nadie desea que el dinero se aleje, el mundo desea que cada persona tenga éxito, porque si tiene éxito la sociedad también lo tiene.

El dinero solo es una herramienta

El dinero simplemente es una herramienta para intercambiar bienes y servicios. El dinero es neutro, no tiene maldad ni amor, tiene la emoción que cada individuo le pone. Es un instrumento para intercambiar y comprar.

Es como una llave inglesa, no es ni buena ni es mala, es usada para reparar un tubo, para cambiar una llanta, la llave sirve como arma o para cambiar tuercas, el uso le pone la emoción.

La llave es una cosa, el dinero es una cosa, neutros los dos. El dinero es susceptible a ser juzgado en el uso que se le da. Por eso es que las personas tienen la responsabilidad de los actos y no lo tienen el dinero.

Al dinero hay que quitarle las connotaciones emocionales porque algunas personas le den un uso en particular. El dinero tiene neutralidad y si se usa bien puede ser fantástico para la vida y para lo que nos rodea. Eso no hay que olvidarlo nunca.

El dinero que llega al bolsillo es proporcional al valor que se le da al mundo

Este es un punto que hay que repetir las veces que sea necesario, hay que grabárselo, sí es posible, tatuárselo. La situación que tiene cada persona es producto de sus actos. Si se quiere estar en determinada posición en dos años hay que trabajar duro para conseguirlo y se logra.

Si se quiere conseguir dinero hay que dejar de pedírselo al político de turno y toca pensar en lo que se tiene para aportarle al mundo y que a cambio se genere una ganancia. Si se quiere mucho dinero se tiene que aportar mucho valor a las personas. Si se quiere una cantidad masiva de dinero se tiene que ver cómo darle valor masivo a un número masivo de personas.

El dinero no llega inmediatamente, se tiene que demostrar que se va en serio en ese trabajo de aportar valor y la técnica empieza a mostrar resultados al mediano plazo.

El dinero tiene sentido si este enriquece tanto al que lo recibe como al que lo entrega

El mundo está necesitado de corazón y ética, para que al momento de pagar algún bien y servicio sentirse satisfecho por ese dinero que aportó por lo que se tiene entre las manos.

De seguro es así.

Cuando se brindan productos y servicios, sea que se trabaje por cuenta propia o ajena, siempre hay que asegurarse de que la persona que paga se ha enriquecido, se ha podido elevar y tiene un aporte, o sea se tiene la garantía en cada transacción de que esa persona se siente satisfecha pagando porque tiene un valor necesario y que es útil para ella, ahí se hace bien.

De no hacerse así se corre el riesgo de que la otra persona pague y busque otro proveedor después.

Seguimiento para avances y recordatorios

El darle seguimiento a lo que se hace es una habilidad esencial para quienes trabajan en los emprendimientos. Ayuda a mantener la solidez de lo que se hace y se es asertivo todo el tiempo.

Es algo sencillo, darle seguimiento al trabajo, a las metas y los proyectos hasta el final, si se hace de verdad y siempre entonces se tendrá éxito en la gerencia que se tenga.

Independientemente del nivel y tamaño de la empresa, este es un atributo que debe tenerse, hay que darle seguimiento al trabajo que se hace.

Un emprendedor que le da seguimiento a sus proyectos es alguien que siempre está por delante de los retos que se le presenten, están al día con sus trabajos y las actividades del día las cumple con total soltura.

Tienen el tiempo controlado para hacer sus cosas y alcanzan el éxito más rápido que quienes tienen como filosofía dejar a la suerte cada acción.

Darle seguimiento a los proyectos hasta que se perfeccionen es una de las actividades cotidianas más comunes. Mantienen en el cauce cada una de las operaciones y permite darle una supervisión cercana y de calidad.

Cambiar constantemente de iniciativas hace que el foco sea menos poderoso que si se tuviera una iniciativa permanente. A los gerentes como bien se sabe les toca trabajar con recursos y navegar entre las prioridades organizacionales que cambian siempre. Si mantienen el rumbo entonces los proyectos que van desarrollándose llegan a buen puerto.

Cuando esto sucede así el líder se ve como alguien que sabe gerencia y que está totalmente atento a lo que trabaja. Son líderes con las emociones controladas que hacen todo posible. Son competitivos, y poseen grandes habilidades, tiene una comunicación que es totalmente clara y muchos propósitos que van cumpliendo con grandes expectativas, concretas y de valor. Esto les da una buena posición gerencial.

Dar un buen seguimiento

No hay técnicas secretas para dar seguimiento de calidad y mantenerla hasta el final. Se requiere de energía y compromiso. Hay que dar un valor gerencia para que se pueda dar seguimiento óptimo.

- Como primer paso se tiene que convertir en alguien que sea organizado y que haga planes sólidos.

- Hay que tener una lista de pendientes por escritos y actualizados.

- Se deben sostener reuniones efectivas de manera planeada y sistemática.

- Se debe aprender a delegar, este proceso requiere de convicción y práctica.

Para ser bueno en esto también se tienen que considerar estas variables:

- Organizar los pensamientos y las actividades de una manera correcta.

- Tomarse el tiempo para reflexionar haciendo las cosas luego de pensarlas bien.

- Obligarse a planear para que no se opere en modo de crisis.

Capítulo 7: La ciencia de hacerse rico y lograr la libertad financiera

A estas alturas ya se debe entender que para hacerse rico y tener la libertad financiera hay que adoptar toda una serie de conductas que nos lleven por ese camino.

Hay que comprender que se cuenta con una fuente de inteligencia o una inteligencia financiera, corresponde trabajar los pensamientos porque estos son energía y lo que se piense es lo que se materializa en el exterior y algo que es muy importante: hay que aprender a ser agradecido, eso se consigue cuando se valora cada cosa que se tiene en la vida, por lo tanto, hacerse rico es posible, solo si cada persona así se lo propone.

La fuente de la inteligencia

Hay que acudir a la fuerza de la inteligencia o la inteligencia financiera y eso se logra cuando se deja de trabajar por dinero, de vender el tiempo y se crea un sistema de ingresos diversos que trabajen para cada uno. Esto dicho en un lenguaje simple es dejar de levantarse cada mañana para ir a trabajar por un empleo.

El concepto que tiene más relevancia es el de crear un sistema de ingresos múltiples o sea un sistema de ingresos ganados de manera activa, pasiva o con inversiones.

Uno de los grandes objetivos como emprendedor debe ser el de diversificar las fuentes de ingresos. Así que el autor propone que se complemente una inteligencia financiera con otro tipo de inteligencia, la que es emocional, esta consiste en desarrollar una inteligencia emocional que implique dominarse a sí mismo. Es tener confianza, aceptación de las cosas que salen de otro modo al planeado, el preferir la gratificación aplazada antes que la inmediata.

Es entonces que se logra esto:

Libertad financiera con inteligencia financiera e inteligencia emocional.

Para conseguir esta libertad se debe tener una fuente de ingresos variados y desarrollar una fuente de ingresos diversa para que sirva para gestionar las emociones.

Los pensamientos son energía

El pensamiento es la parte de energía más sutil que tiene el ser humano, es como la palabra más sutil de los actos que se hacen, el pensamiento es muy sutil, en cada uno de los actos, el pensamiento es más sutil que la palabra, y se asemeja a lo que se conoce como el estado sólido, líquido y gaseoso, uno es más sutil que el otro.

Todo en el mundo es energía, la energía es la fuente de la vida. Cada átomo funciona como un campo de inteligencia. De acuerdo con las ondas de energía que transmiten los pensamientos, se crea el bien sí así se desea, o se crean otro tipo de energías. Todo procede de la misma fuente de energía universal.

En esta vida todo es energía, el pensamiento es energía, trabaja por ondas, esto es lo que dio pie más adelante a lo que sería la física cuántica. Todo pasa primero por el pensamiento, antes de que se cree. Es por eso que donde se pone el pensamiento se pone la intención y es donde se está creando.

El primer instinto de la Realidad Suprema para la creación de todo lo que hay en el universo fue el crear un pensamiento desde la base y crear planos donde se basó toda la existencia.

Cuando se entiende el poder de la mente este es infinito, todo lo creado es por medio de los pensamientos y se empieza a hacer responsable de la existencia. Se toma consciencia de lo que se quiere y se actúa con la energía que son los pensamientos creadores, es así como se piensa y se va creciendo y creando.

Por ello hay que cambiar la personalidad, las circunstancias e incluso el entorno que se tiene, todos los acontecimientos que dependen de cada uno de nosotros. Se pueden cambiar con la ayuda de los pensamientos. Toda energía transformar el entorno correspondiente.

Si se concentra la fuerza de los pensamientos en objetivos determinados, en un momento determinado se va a lograr. De la nada no sale nada, es la ley de la naturaleza, si no se actúa no se produce nada. La energía no se pierde, sino que se transforma. La nada no existe. Cada pensamiento que se tiene pasa a ser una acción. Es una cadena de acontecimientos que afectará todo el entorno que se tiene.

No es que la vida se pone en el camino y lo llena de problemas y obstáculos. Cada uno de nosotros crea una realidad en particular.

Se debe entender que todo es necesario para poder conseguir el triunfo. Eso se lleva en cada uno de nosotros y se ha demostrado muchas veces sin duda alguna. El ser humano usa una parte de su ser para actuar, el cerebro trabaja apenas con el 10% de sus capacidades totales.

Es impresionante entonces todo lo que puede hacer el pensamiento cuando se entrena y se tiene una conducta coherente para lograr alcanzar el control mental y la meditación con la visualización creativa.

La fe mueve montañas, dicen, no es algo que se diga por azar. Es una realidad que se puede conseguir.

Como se ha dicho en otras oportunidades el pensamiento es energía y la energía se consigue con conocimiento que a la vez se logra con la evolución que se va a dotar de una frecuencia vibratoria determinada.

El conocimiento y la evolución van de la mano, se va logrando poco a poco por medio de las reencarnaciones que se tienen, entre más conocimiento se tenga más conciencia se logra. Entre más conciencia más frecuencia vibracional.

Todo lo que genera el pensamiento es energía, y se produce una vibración determinada que como tal puede alterar el estado de las cosas y llevar a un estado mental y emocional con el que se puede realizar acciones solo por medio del pensamiento. Las posibilidades van a ir en una relación directa con la vibración, con la evolución y el conocimiento adquirido por el camino de muchas reencarnaciones y con la conciencia adquirida.

No hay nada que genere más daño que la ignorancia, es por eso que el ser desde el inicio del camino solo se dedica a aprender y aprender en vida tras vida.

Con la evolución se lograr adquirir conocimiento que va a ayudar a comprender todo lo que nos rodea, el cuerpo humano el físico como la energía ayuda a entrar y se vuelve energía que va alimentando todo el cuerpo humano, y lo hace nutrientes que se necesitan.

En función de cómo estén los diversos órganos, estos tendrán muchas vibraciones que llegará a los chakras y viceversa. En función de que la energía llegue a los chakras procedentes de los cuerpos sin materia que a su vez desarrollan energías y vibraciones como se ha dicho antes, de las sensaciones que se han vivido en lo físico.

De esta manera la salud se condiciona a las vibraciones energéticas que se reciben de los cuerpos no materiales que a la vez se desarrollan de acuerdo al comportamiento humano por medio de los sentidos físicos.

Es claro que la manera en la que funciona el cuerpo reporta salud incluso se puede decir que el ser completo da salud completa y no se necesita ayuda de otro tipo.

El hombre cuenta con un sistema de energía y los chakras sirven como estaciones receptoras, que transforman y se distribuyen por las diversas vías de los chakras. Llegan luego a los Nadis que son las energías vitales de los cuerpos energéticos no materiales del hombre del entorno del cosmos y de las fuentes no materiales del hombre. De sus fuentes, que son el fundamento de cualquier manifestación, la transformación de las frecuencias que requiere de varias áreas del cuerpo físico o cuerpo inmaterial para la conservación y el desarrollo y la retransmiten a través de los canales energéticos. Además, irradian energía en el entorno; por medio del sistema energético el hombre hace cambios con las fuerzas que actúan en los diversos planos del ser en el entorno y el universo y en la base de la creación.

Las emociones se trasladan por medio de diversos sistemas del organismo. Estos son más físicos, se conectan por medio de conexiones en los axones de las terminaciones nerviosas de una forma parecida a un mecanismo eléctrico. Estos son impulsos de naturaleza que se comunican con las diversas emociones a través de meridianos de acupuntura o con los centros de energía o chakras.

Los pensamientos por medio de los impulsos nerviosos generan una imagen en el cerebro que lleva a una activación en el cerebro que produce una activación de las energías o el chakra que se activa en una emoción principal, una glándula endocrina y a través de uno de los sistemas del cuerpo que va a un órgano. Todo este mecanismo sucede en segundos.

Las emociones no se liberan o no se asimilan se bloquean y van produciendo una afluencia de tóxicos y bloqueos energéticos que generan molestias y al final enfermedades.

A medida que el ser va evolucionando, la comprensión de lo que somos va aumentando y nos dota en conocimiento para comprender todo y sanarlo.

Las palabras como la vibración, los chakras, el cuerpo sutil, el Etérico y claro la energía, son adjetivos que se deben incorpora sin darse cuenta en el vocabulario diario. Todo esto va en función con las siete leyes universales fundamentales, la de la Causa y Efecto ya que las cosas no son casualidad.

La palabra casualidad es una deformación de causalidad. Que es causa y efecto. Esto se debe a que nos mantenemos en evolución y esto se manifiesta poco a poco con los conceptos a los cuales se va adaptando cada persona cuando comprueba sus realidades.

Por medio del pensamiento se genera la energía que se puede enviar a cualquier sitio del universo y se cura a la distancia. Lo cual se puede comprobar si se quiere.

Como se dijo al inicio de este punto todo es energía, los pensamientos son energías, los mantras dichos en Oriente son energía, la vibración que generan es energía, los sonidos son energía, todo lo que se hace termina en energía.

Somos seres bidimensionales en este plano físico y somos multidimensionales en el plano Esotérico, con el físico estamos en un sitio y con la mente solo podemos estar en otro. En qué lugar queda el Yo real. Dónde queda el físico o el pensamiento, la mente es la que manda en el plano físico, por más sutil que este sea.

Una forma mental se puede trasladar al instante donde se quiera ya que en el momento de cambiar los pensamientos se cambia de lugar y se mantiene solo uno.

Como se puede ver este es un tema sumamente profundo que podría abordarse por horas, este no es el espacio para ello, este solo se dedicó para dejar claro que el pensamiento es energía y que tiene unas connotaciones que solo pensarlo.

Mientras el pensamiento va evolucionando no solo va a evolucionar el intelecto, sino que las reencarnaciones también se ven impactadas, y poco a poco van siendo más perfectas.

La importancia del agradecimiento

Es de personas bien nacidas el ser agradecido, en muchas ocasiones se tiene que tener en cuenta este dicho popular. Hay muchos temas que se escapan al control en la vida y no se pueden reaccionar ante muchas cosas.

La mente es bombardeada con mucha información a diario, muchísima, es por eso que se tiene que filtrar lo que se está usando, el problema radica en que la mente tiende a ver lo que está mal y las carencias.

Esto se debe a que con el fin de evitar y asegurar la supervivencia se busca lo que está fuera de lo esperado o que puede causar peligros.

Los pensamientos toca trabajarlos para que no se hagan con la mente. Hay que dominarlos y controlarlos. Estos afectan las expectativas. Hay que empezar a esperar las situaciones que se presenten y las emociones que causen en la vida. El resultado final será una vida donde las experiencias y los resultados causen sensaciones diferentes a las esperadas.

Se puede cambiar la manera en la que se piensa. Se puede detener la tendencia que se posee actualmente por medio de la reorientación de la abundancia y lo que se puede de manera positiva.

Centrándose en eso que se tiene como agradecimiento. Con este tipo de cambio casi al instante la vida puede cambiar para mejor. El mundo puede revolucionar y aparecer todo lo que se quiera de él.

De esta manera se siente mucho mejor y se es más agradecido, incluso cuando las cosas van distintas a como se ha planeado y aparecen situaciones que no se pueden controlar en un momento determinado.

Cuando se aprende a ser agradecido se disfruta más. Se tiene una mejor visión de la vida, y se es capaz de valorar las cosas positivas que se tienen, los aspectos que llenan la existencia y los puntos que ayudan a tener una mejor reflexión.

Estos son unos puntos a considerar para estimular la reflexión y cambiar la perspectiva que se tiene hasta ahora.

Abrir los ojos al mundo

Hay que salir al mundo, dejar atrás el universo cerrado que se tiene y mirar afuera. A los demás y darse cuenta que se tiene algo y agradecerlo. Hay muchas personas en situaciones que no quieren tener hay que hacerse consciente de eso. Ya luego se puede estar más agradecido de todo y se puede vivir sin pensar demasiado con imágenes de vibraciones bajas.

Hay que darse cuenta de que las cosas malas no suceden a una persona, a veces hay situaciones que no se quieren vivir, igualmente hay que estar agradecido porque cada situación es una experiencia que se queda y se aprende mucho de ella.

Hay que prestar atención a las cosas buenas que suceden

El mundo está lleno de milagros. Muchas veces no se notan esos pequeños regalos que da la vida. Suceden muchas cosas espectaculares y pueden no verse palpables con una valla gigante, quien la nota descubre que son increíbles. Cuando se piensa un poco se ve la cantidad de cosas positivas que hay, es clave reeducarse y aprender a pensar en positivo viendo todo lo bueno que se tiene cada día.

Hay que ser agradecido practicando

Todo se puede aprender, la capacidad de experimentar el agradecimiento es una parte de experimentar el carácter que se puede mejorar si se toma como práctica.

Hay muchas formas de hacerlo. Se puede escribir un diario de gratitud, tan como lo sugiere Martin Seligman, se sabe que la eficacia de la gratitud en la vida de las personas se ha comprobado de manera científica.

Hay que rodearse de personas con actitud positiva

Las buenas actitudes y energía positiva se pueden contagiar, por eso es importante que los que te acompañen en la vida tengan una visión optimista, también podemos nosotros ayudar a otras personas a que vean todo bien en sus vidas.

Hay que tener mente positiva

En situaciones especiales hay que tener la mente centrada, ser agradecido a pesar de que las cosas no salen como se han planeado.

La idea es enfocarse en lo bueno, a pesar de todo, ver las cosas positivas, en cada situación, porque siempre a pesar de todo hay algo favorable. Aunque en un principio cueste descubrirlo.

Ser agradecido es una cualidad que admiramos todos en el carácter de los demás, es por ello que hay razones para salir adelante sin mirar tanto lo que ha sucedido.

Nunca se es demasiado viejo para intentar ser positivo, y valorar todo lo que la vida regala.

Se puede hacer, quien lo hace descubre que agradecer es una sensación hermosa y se siente bien darle gracias a las pequeñas cosas que ocurren.

La ley de atracción, lo que pienses atraes

Hay un elemento muy importante en la vida y se llama la ley de atracción, siempre atraemos lo que pensamos. Si tenemos un día donde nos levantamos llenos de positividad, buena vibra y alegría eso es lo que atraemos en todo el día. Lo mismo sucede al contrario.

La ley de atracción establece que se tiene que pensar de manera repetida aquello que se desea para obtenerlo. El pensamiento es suficiente para lograrlo, todos los átomos del cuerpo están en un estado de vibración y generan frecuencias, cada uno de los pensamientos negativos vibran en una frecuencia baja y atraen cosas que no se quieren en la vida.

Para poderlo comprender de mejor manera, las vibraciones varían de acuerdo al ánimo que se siente a lo largo del día. Los estados van de acuerdo a la emocionalidad que se tenga. Pueden ser de alegría, amor, paz, iluminación u otros que se tengan.

Entre más felicidad haya y más satisfactoria sea la experiencia mejor será la vibración. Se sentirá más movimiento en ese interior.

Los científicos han comprobado que el comportamiento humano tiene una conexión científica que prueba que la manera en la que pensamos tiene relación directa con las cosas positivas de la vida.

Con el pensamiento positivo se puede acelerar el proceso e integrarlo a la visualización que se desea, se da por hecho que se está dando, cuando se adopta la línea de pensamiento en la vida, y se aplica a diario se comienza a vibrar más alto y de este modo se atraen mejores cosas que llenarán de felicidad.

Conclusiones

Como se puede ver, tener libertar financiera requiere de diversos pasos, lo bueno de todo esto es que cada uno de los pasos es positivo, está lleno de muchas cosas que atraen abundancia, paz, alegría. No solo para quien lo ponga en marcha sino para los que le rodean. La libertad financiera debe ser el camino a seguir para todo mundo.

Porque la libertad financiera es sumamente importante, afecta la manera en la que se ve la vida mucho más allá de lo que se pueda pensar, hay varios aspectos en los que mejora y esto sucede de forma gradual, aunque no se dé cuenta.

Hay que verlo en detalle, eso sí el cambio se produce y no se puede cambiar y da una liberación inmensa como si se hubiera quitado una gran carga.

El primero de estos cambios se relaciona con el éxito profesional, está en relación directa con la libertad que se siente y el rendimiento laboral. La razón es que se tiene una red de seguridad, se toma valentía para avanzar a pesar de las circunstancias que puedan suceder.

Esto hacer que se sea más seguro, que haya más creatividad, y se empiece a tener iniciativa. Es una seguridad que ayuda a atreverse y sirve para aportar y emprender sin importar el qué dirán.

Lo otro es que se trabaja en lo que apasiona, siguiendo con esa pasión, se hace de manera independiente, sin jefes, sino teniendo el sueño que se ha materializado y ahora produce dinero de manera pasiva.

Se construye la propia empresa desde los cimientos y se erige como un gran referente, es algo que se hace y servirá no solo para una persona, sino para toda la familia.

Finalmente, tener libertad financiera hace más feliz a las personas y pueden disfrutar más de la vida. Porque tienen una perspectiva que cambia. Viven con la libertad económica que siempre han deseado.

Cualquier persona puede comenzar ahora mismo a buscar la libertad financiera.

Libros relacionados

Gracias por el tiempo dedicado a este contenido, de seguro te interesa seguir aprendiendo más, por lo tanto, te invito a leer:

Emprender con Éxito: 100 respuestas a 100 preguntas de emprendimiento que debes saber para lograr tus objetivos

Visita el siguiente enlace: <u>mybook.to/100preguntasespanol</u>

O escanea este código QR para ir directamente al libro.

!Muchas gracias!

Joseph Brand

CPSIA information can be obtained
at www.ICGtesting.com
Printed in the USA
BVHW030119270221
601199BV00001B/63